世纪波
Century Wave

华为的力量

华为战略、运营、人力资源管理之道

赵建飞　蒋国强　聂晓红　著

電子工業出版社
Publishing House of Electronics Industry
北京 · BEIJING

图书在版编目（CIP）数据

华为的力量：华为战略、运营、人力资源管理之道 / 赵建飞，蒋国强，聂晓红著．北京：电子工业出版社，2020.3

ISBN 978-7-121-38580-3

Ⅰ．①华… Ⅱ．①赵… ②蒋… ③聂… Ⅲ．①通信企业－企业管理－经验－深圳 Ⅳ．① F632.765.3

中国版本图书馆 CIP 数据核字 (2020) 第 031229 号

责任编辑：杨振英
印　　刷：三河市鑫金马印装有限公司
装　　订：三河市鑫金马印装有限公司
出版发行：电子工业出版社
　　　　　北京市海淀区万寿路173信箱　　邮编100036
开　　本：720×1000　1/16　印张：14.75　字数：210千字
版　　次：2020年3月第1版
印　　次：2020年3月第1次印刷
定　　价：68.00元

凡所购买电子工业出版社图书有缺损问题，请向购买书店调换。若书店售缺，请与本社发行部联系，联系及邮购电话：（010）88254888，88258888。

质量投诉请发邮件至zlts@phei.com.cn，盗版侵权举报请发邮件至dbqq@phei.com.cn。
本书咨询联系方式：（010）88254199，sjb@phei.com.cn。

FOREWORD 序言

为什么要对标华为

从2.1万元起家到如今的年8 500亿元营业收入，从32年前的小小代理商到如今的全球第一大通信设备供应商，从4人到19万人，从名不见经传的小公司到如今成为受人尊敬的企业……华为走过了一条与全球任何一家企业都不一样的“野蛮”发展轨迹。我们实在无法找到合适的词语来形容华为的“野蛮”增长。

华为凭什么在荆棘密布的全球通信领域披荆斩棘？华为凭什么能够在全球经济低迷之时仍然高歌猛进？

……

想必这是萦绕在众多企业经营者耳边的问题。国内有太多的企业希望学习华为，也有很多企业家把任正非讲话语录奉为圭臬，华为的一举一动都成为学习者学习和模仿的标杆，几乎每天都有来自全国各地的企业到华为公司参观交流，但是学习者从来没有从华为身上复制出同样耀眼的成功。

华为成功到底有什么秘密？我们来听听任正非如何说：“华为没那么伟大，华为的成功也没什么秘密！华为为什么成功？华为就是典型的阿甘，阿甘就一个字——‘傻’！阿甘精神就是目标坚定、专注执着、默默奉献、埋头苦干！华为就是阿甘，认准方向，朝着目标，傻干、傻付出、傻投入。”

笔者曾经数次带领企业创始人和高管走进华为。华为成功有哪些秘密？华为到底有哪些成功的经验或者失败的教训能够让我们借鉴？四点感悟分享给大家。

感悟一：客户是华为存在的唯一理由

“客户第一，以客户为中心”，这是我们很多企业都非常清楚的道理，任正非也深谙此道。他曾经向华为员工和客户讲过华为凭什么能够活下来，华为超越竞争对手的全部秘密就是三句话："以客户为中心，以奋斗者为本，长期坚持艰苦奋斗。"

现在基本上每家企业也都会把客户第一作为价值信条写进企业核心价值观，并且还会张贴在墙上，但是真正能够做到这一点的企业凤毛麟角。原因在哪里？是因为员工对于"客户第一"这句话的含义理解得不够，还是因为领导者没有身体力行？

实践是检验真理的唯一标准，我们来看看华为是如何做的。

华为也和我们大多数企业一样，把"以客户为中心"这句话作为其六大核心价值观之一，任正非也经常在各种场合向华为人和客户传达这样的观点："客户是华为的衣食父母，天底下唯一给华为钱的只有客户，华为之所以能够活下来，其中很关键的因素就是坚持以客户为中心，并且也只有不断坚持以客户为中心才能让华为活得更久一些。"

说到容易做到难，华为可不仅仅是玩玩嘴上功夫。如今的华为是一家名副其实的全球化公司，华为的客户来自全球各地，既有来自欧美发达国家的，也有来自亚非拉等落后贫穷国家的。在许多非洲国家，条件要比国内和欧美等国家差很多，被外派到非洲的员工不仅有感染疾病的风险，同时也会遭遇各种战乱和冲突。面对陌生的环境和接连不断的战乱冲突，华为是选择退却还是和客户在一起，华为在利比亚的举动就是最有力的回答。

当2011年利比亚战事爆发的时候，许多欧美知名移动设备提供商纷纷在第一时间选择撤离，中国政府也安排专机接送在利比亚的华人华侨。面对这样严峻的人生考验，是选择回到祖国家人身边还是坚守在客户身边？华为不少员工选择了坚守，因为华为员工知道这个时候网络和通信的安全与稳定对于客户是多么重要，因为华为员工知道这个时候是客户最需要他们的时候。那么既然客户最需要他们，他们唯一能够做的就是留在客户身边，帮助客户确保网络和通信的安全与稳定。当然，华为员工也知道这样的选择伴随着莫大的风险和牺牲，但是为了客户，为了网络的稳定，华为员工用他们的实际行动为我们诠释了什么是“以客户为中心”。这番坚守也赢得了客户的信赖和赞誉，当利比亚战事结束之后，华为在利比亚获得了远远超越竞争对手的移动通信设备订单。

除了在非洲这些战乱频发的国家，在2011年日本福岛爆发核危机之后，华为董事长孙亚芳不仅没有带领华为日本团队撤离，反而增派人手，沉着、冷静地参加了抢险，在一天内就协助软银、E-mobile等客户抢通了数百个基站。

在华为，类似利比亚和日本福岛的案例还有很多很多，也许这就是文化和信仰的力量。为此，任正非曾经于2011年在华为伊拉克代表处进行过一次讲话，这次讲话也让我们再次体会到华为以客户为中心的职业使命感。

“我们从事的工作是为社会提供网络，这种覆盖全球的网络，要求任何时候必须稳定运行。而我们提供的产品与服务已无处不在，无时不在，无论在缺氧的高原、赤日炎炎的沙漠、天寒地冻的北冰洋、布满地雷的危险地区、森林、河流、海洋……只要地球有人的地方，都会有覆盖。我公司已为全人类的20%提供了通信服务，网络要求任何时候、任何情况下不间断，在这么宽广的地域范围内，随时都会有瘟疫、战争、地震、海啸发生，因此，员工在选择工作岗位时应与家人一同商量好，做好风险的控制与管理，不要有侥幸心理。华为并不意味着高工资，高工资意味着高责任。华为将推出本地化薪酬，做一般劳动者也没有什么不光荣的。我们的职业操守是维护网络的稳定，这是与其他行业所不同的，豆腐、油条店……可以随时关掉，我们永远不能。曾经在安哥拉，我们当地的负责人不请示公司，就背弃了当地政府，背弃了运营商及合作伙伴，私自撤离，酿成大错。事后多年当地政府坚决拒绝华为再进入安哥拉，我们为此付出了巨大代价才重返安哥拉。任何时候都会有动乱发生，我们在任何地方、任何时候只对网络的基本稳定承担责任，任何地方、任何时候，我们决不会介入任何国家的政治。放弃网络的稳定，会有更多的人牺牲。日本的50死士他们不站出来，事故扩大就会有成千上万的人牺牲。任何事业都不是一帆风顺、布满鲜花的，我们选择的职业，是有一定责任的，而且企望担当重要职务的员工，责任更加重大。我们所有的干部，要‘冲锋在前，退却在后；吃苦在前，享受在后’。我们的各级骨干，应是这种选择。”

这就是华为需要的职业责任感。

感悟二：华为员工很拼是因为“分赃”分得好

俗话说“重赏之下，必有勇夫”，华为的快速发展离不开一帮能征善战、勇于拼搏的人才。为了让更多的人才脱颖而出，华为给了人才成长的土壤和充足养分，可以说华为是国内企业界对于人才培养和人才激励方面投入最多，也是回报最为丰厚的一家企业。

在许多人眼中，华为是“三高”企业：高效率、高压力、高工资。华为管理层坚信，高工资是第一推动力，重赏之下必有勇夫。华为是中国企业中最早提出薪酬向欧美企业看齐的企业，也正是凭借在薪酬福利方面超强的诱惑力，华为吸引了众多优秀大学毕业生。早在2000年左右，华为本科生年收入就可以达到10万元，当然这个收入包括工资、福利、加班费、补助、奖金和股票等。

2000年，华为应届本科生工资起薪是税前4 000元，硕士生税前5 000元。福利按照工作地点不同，金额不同。工作在深圳的每人每月1 000元，工作在国内其他地区的每人每月800元，海外福利更高。奖金和股票年收入少则1万~3万元，多则达到几十万元。而2000年以前入职的华为员工由于持有股票收入更高，年收入更是能达到几十万元。因此在华为曾经流传这样一句话：“我们的工资只是零花钱，年底的奖金和分红才是我们的收入。”

凭借华为的高收入，华为的员工也是最早的“有钱一族”。2000年左右的华为员工是非常厉害的，华为员工外出凭借工卡出入酒店、餐厅、娱乐场所等都可以享受特惠折扣，深圳很多知名楼盘也推出华为员工团购计划，其中像蔚蓝海岸、万科城等高端楼盘有很多业主都是华为员工。

正是因为华为在薪酬福利方面的举措也让国内众多高科技企业相继提升员工薪酬待遇，因此可以说，华为对于提升中国知识分子的薪酬水平是做出过贡献的。

此外，华为给员工的不仅有高工资，还有股权和其他待遇。华为是目前中国高科技企业中唯一一家全员持股的企业，目前华为全球员工19万人，其中有近10万名员工持有华为内部股份，任正非在华为持有的股份不到2%。

在《华为公司基本法》中华为对于员工持股也有一定的说明："我们实行员工持股制度。一方面，普惠认同华为的模范员工，结成公司与员工的利益与命运共同体。另一方面，将不断地使最有责任心与才能的人进入公司的中坚层。华为可分配的价值，主要为组织权力和经济利益。其分配形式是：机会、职权、工资、奖金、安全退休金、医疗保障、股权、红利，以及其他人事待遇。我们实行按劳分配与按资分配相结合的分配方式。"

早年的华为凭借员工持股计划不仅为企业发展筹措了大量的资金，并且让员工利益与企业发展牢牢捆绑在一起，大大激发了员工工作的积极性和能动性，这也让华为迸发出超强的发展活力，所有这些都为华为的快速发展以及华为战胜竞争对手提供了源源不断的动力。

但是内部员工持股计划是一把双刃剑，如果处理得当可以促进企业的快速发展，如果处理不当会加速企业分崩离析。因此，企业实行员工持股一定要量力而行。

华为除了在薪酬福利方面给员工极大的激励，也给员工成长提供了良好的发展平台。早期的华为一方面招聘了大量的应届毕业生，另一方面给予他们在研发经费和后勤方面足够的支持，并且对于优秀的人才华为也会破格提拔，李一男就是一个非常典型的案例。

李一男，22岁华中科技大学少年班毕业，加入华为两天时间升任华为工程师，半个月升任主任工程师，半年升任中央研究部副总经理，两年被提拔为华为公司总工程师/中央研究部总裁，27岁成为华为公司的副总裁。凭借李一男对技术发展趋势、产品走向惊人的敏感度和准确的把握能力，华为在产品研发方面不断缩小与欧美企业的差距。李一男在研发领域的突出贡献也让任正非一度把李一男作为自己的接班人培养。这在中国企业界是绝无仅有的一个案例，由此可见任正非求贤若渴的心态与对人才的极大尊重。

后来，李一男在2001年离开华为创办港湾网络公司，不过在2005年港湾被华为收购，李一男又重新回到华为，2007年再次离开华为。至于华为为什么收购港湾以及李一男为什么离开华为，坊间有很多传闻也有很多版本，我们不去细究。但是我们从李一男的案例中可以看出华为对于年轻人才的尊重和激励。

李一男可以说是早年华为不拘一格降人才的经典案例，像李一男一样有才能有抱负的年轻人在华为得到迅速的成长和巨大发展，正是这些优秀人才的努力和拼搏为华为在中国的发展奠定了良好的基础。

感悟三：持续不断地学习与变革

华为是一家非常热爱学习的企业，也可以说是一家非常够格的学习型组织。这不仅得益于华为领袖任正非的以身作则，也得益于华为管理层自创业以来养成的学习文化与学习精神。华为的学习能力体现在方方面面，从华为向标杆企业学习到华为领导层的自我学习，从学习先进管理模式到学习先进企业文化，华为始终用超越其他企业的学习激情和持续不断的努力完成着一次又一次的蜕变。

还记得20世纪90年代中期华为就已经成为中国通信设备领域的老大，但这时的华为并没有沾沾自喜和以老大自居，也没有停下前进的脚步和对自我的批判与反思。任正非不仅强烈地感受到华为与国际优秀同行的差距与劣势，也强烈感受到向全球优秀企业学习的迫切性。于是任正非和他的管理团队把眼光瞄准国外，华为人希望去学习和借鉴国外优秀企业的管理经验。

在华为产品“扬帆出海”的过程中，华为看到了自己与国际竞争对手的巨大差距。为了缩小差距，也为了更好地向竞争对手学习，任正非经常自己或者带领高管一起走出国门，一方面向同行学习取经，另一方面借此开拓管理层的视野和拓宽管理思维。

1994年，任正非和高管团队集体走出国门，这次他们选择的学习对象是华为的国外同行——阿尔卡特公司。因为是同行，阿尔卡特起初并不情愿安排此次参观。为了能够顺利访问阿尔卡特公司，华为公司可谓费尽周折，也动用了非常多的社会资源，才促成此次学习访问。在法国阿尔卡特工厂参观期间，阿尔卡特先进的自动化生产线和员工一丝不苟的工作精神给华为一行人留下了深刻的印象。

1995年，华为再次安排高管团队远赴德国西门子参观学习，西门子也是华为非常大的竞争对手，在中国市场西门子也越来越感受到来自华为的竞争，因此对于到西门子的参观申请难度较到阿尔卡特相比有过之而无不及。煞费苦心的华为高管一行人终于参观了他们仰慕已久的西门子的实验室和生产线，德国人精益求精、一丝不苟的工作精神深深触动了他们。

经历了对世界优秀企业的参访学习，让华为发现了与全球标杆企业的差距，也让任正非确定了向标杆企业学习的信念。1995年任正非回国后亲自为《华为司歌》谱写了歌词，歌词中的第一段就是：“脚踏先辈世代繁荣的梦想，背负民族振兴的希望，我们诚实，积极向上。学习美国的先进技术，吸取日本的优良管理，像德国人那样的一丝不苟。踏踏实实，兢兢业业。”从这段歌词我们就能看出当时华为已经意识到向世界级企业学习的必要性，任正非希望通过广泛的交流博采众长，把美国的技术、日本的管理、德国人的一丝不苟的民族素质融为一体。但是当时华为对于世界优秀企业的学习主要局限于支离破碎的补丁式学习，并没有形成完整的体系和具有明确的目的性。

为了能够更好地选择标杆学习对象，任正非在1997年年底再次前往美国，这次任正非安排其得力干将李一男随同前往，学习一改以往走马观花的参访形式，而是在事前进行了精心准备和周密安排，特意选择了IBM、惠普、休斯电子和朗讯这四家最具美国代表意义的领先企业。

在这四家企业中，任正非从IBM身上受到的启发和震撼最大。任正非回到国内后写了一篇文章——《我们向美国人民学习什么》，文章主要阐述了在IBM学习的收获和体会。他从IBM的发展经历中看到了华为未来所需要面对的挑战和必须选择的前进路径。

但是如何才能学习到别人的真功夫呢？参观交流中介绍的毕竟只是一些管理理念，企业真正的管理内涵和方法通过这种方式是学不来的。华为管理层意识到只有花大的代价将老师请进家门，手把手、一堂课一堂课仔细教，而且不仅仅是教会知识和方法，还要让老师结合华为本身的管理实践在实际的项目中使用知识和方法，才能慢慢带出能够走向世界级企业的人才。

于是，1998年华为正式确立将IBM作为自己的学习标杆。从1998年华为引入IBM的集成研发模式（Integrated Product Development，IPD）到2003年华为引入集成供应链（Integrated Supply Chain，ISC）以及在2008年引入综合财务管理系统（Integrated Financial Management Systems，IFS）项目，华为始终不渝地向IBM学习，为此华为从1998年至今向IBM投入的顾问和咨询费用高达10亿美元。可以说，任正非在学习和顾问咨询领域的投入毫不吝啬。也正是由于华为孜孜不倦地学习和持续不断地变革终于让华为修成正果，如今的华为不仅取得了世界第一大通信设备制造商的地位，同时也是目前中国企业中管理效率最高、流程最优化的一家企业。10亿美元的投入看起来是一个天文数字，但是给华为带来的价值和收益却远远超过这个数字。

感悟四：任正非强烈的危机意识

可以说，任正非是中国企业家里面最具危机意识的企业家之一，他从创业至今一直把“活下来”作为华为最低也是最高的战略目标。记得1992年年底召开员工大会的时候，任正非说了一句“我们终于活了下来”，说完即泣不成声。从这句简单的话语里，我们一方面听出了任正非创业的艰辛和苦楚，另一方面也看得出他对于企业终于生存下来的感慨。

任何企业的发展都不可避免会有这样那样的危机，真正考验企业家的是是否具备防患于未然的危机意识以及面对危机的应对举措，在这方面任正非无疑为我们好好地上了一课。2000年的华为可谓内忧外患，内部创业计划让许多青年才俊出走华为，这让任正非痛心不已。当时，全球IT业正遭遇前所未有的危机，随着2000年以科技股为代表的纳斯达克股市的崩盘和“网络泡沫”的破灭，全球互联网产业进入了“严冬”，“多米诺骨牌”效应带动IT产业整体下滑，市场一片低迷。

正是在这个关键时刻，2001年任正非的一篇《华为的冬天》可谓雪中送炭。这篇文章不仅激励和鞭策了数以万计的华为人，也激励了中国一代IT人，当时中国的IT业界把这篇文章奉为圭臬。任正非在文章中说：“10年来我天天思考的都是失败，对成功视而不见，也没有什么荣誉感、自豪感，而是危机感。也许是这样才存活了10年。”这句话听起来似乎有些极端，但它却是任正非忧患意识的真实写照。也正是强烈的危机意识让任正非判断出国际化才是华为走出冬天的唯一出路。同年，任正非在企业内部做了一次主题演讲，题目就叫《雄赳赳、气昂昂，跨过太平洋》。在演讲中，他提出了经典的“冬天去北极”这一著名论调，号召华为员工走出去开拓亚非拉市场，也正是在这个时候，华为正式吹响了进军全球的号角。

在演讲中，任正非充满激情地说道：“雄赳赳、气昂昂，跨过太平洋……当然还有大西洋和印度洋。是英雄儿女，要挺身而出，奔赴市场最需要的地方。哪怕那儿十分艰苦，工作十分困难，生活寂寞，远离亲人。为了祖国的繁荣昌盛，为了中华民族的振兴，也为了华为的发展与自己的幸福，要努力奋斗。要奋斗总会有牺牲，牺牲青春年华、亲情与温柔……不奋斗就什么都没有，先苦才能后甜。”

经过了漫长的3年“寒冬”，经历了“冬天去北极”的历练，华为获得了成长，2004年华为终于又一次见到“春天”。这一年华为的销售额达到了462

亿元，并且实现了50亿元的净利润，在中国电子百强利润排名榜首。带领华为走出冬天的恰恰是任正非在“寒冬”咬紧牙关伸展出的海外翅膀。在海外市场上，华为不仅销售额达到22.8亿美元，占总销售额的41%，而且已经全面登陆欧洲主流市场。

与此同时，在华为内部开展的IPD、ISC等业务流程变革也从试运行进入全面推广期，实际上，通过先进的管理方法应用，华为从研发效率、研发产出供应链等多方面大大提升了公司的竞争能力。

我们坚信，华为的成功不可复制，但是华为的经验是可以借鉴的。

CONTENTS 目录

第1篇　战略管理篇

第1篇
战略管理篇

第1章 任正非不可复制的企业家精神

为什么华为能成功？就是因为任正非不可复制。华为的战略思维既体现了任正非的企业家精神，同时又有群体智慧。这是一个需要企业家的时代，也是一个呼唤企业家精神的时代。目前世界缺失的不是钱，商业社会缺失的是企业家的精神、梦想和价值观。

1.1 任正非的大格局

2019年5月16日，美国将华为列入“实体清单”，限制美国企业对华为出售技术和零件。这对于一家企业来说，无疑是一种极大的打击。如果说2018年抓捕任正非的女儿孟晚舟，是美国“打”了华为一棍子，那么这一次，美国是直接对华为“开枪”了。

华为命运如何？全世界几乎都在关注。

此时，作为华为的创始人任正非，站在了最凶险的风口浪尖上。2019年5月21日，已经75岁的任正非在深圳华为总部，面对铺天盖地的猜测和瞩望，召开了一场重量级的中国媒体圆桌会。

面对记者的提问，任正非的回答，从容而睿智，没有大谈爱国情怀，没有忧患国人的偏见，而是赞赏欧美科技、倡导互惠互利……

下面，摘了几句任正非的发言：

“不能说用华为产品就爱国，不用就是不爱国。华为产品只是商品，如果喜欢就用，不喜欢就不用，不要和政治挂钩。我小孩用的就是苹果。”

“我们在广告牌上从来没有‘为国争光’这类话。只是最近的誓师大会有时瞎喊几句，但我们会马上出文件制止他们瞎喊口号，大家茶余饭后说两句过头话没问题，但千万不能煽起民粹主义的风。民粹主义是害国的，因为国家未来的前途在开放。”

其实，在民众群情激愤一触即发的时候，任正非只要稍微“卖个惨”，说一句“我们遇到困境，希望大家支持”，华为必定立刻受到巨大拥戴，营业收入可能会立刻疯涨。

可是任正非的志向远不在此，他关注的，是华为和中国更长远的未来。这种格局，实在是常人所不能及，令人赞叹。

提到格局，格局是什么？格局是一个人的眼界，也是一个人看待事物的认知范围。一个人格局越大，他所看到的世界也就越大，所选择的范围也就越广。比如，我们曾经所说的“坐井观天”讲述的就是格局的大小。雄鹰与井里面的青蛙所看到的世界不同，自然也决定了它们的人生轨迹不同。有一句话说得很好：你的心有多大，舞台就有多大。你的格局有多大，你的心就有多宽。所以说一个人的格局会决定他未来的结局。

任正非的格局非一般企业家所能匹敌，我们分别从对待美国、对待对手、对待困境这三点来看任正非的大格局。

1.1.1 人类大同的格局：感谢美国，让华为得到成长

2019年对于华为来说是极不寻常和充满未知挑战的一年，对于已经75岁的任正非来说是注定要载入史册的一段岁月。面对美国政府对于华为的无端指控与全面打压，任正非显得沉着与冷静。任正非与美国政府之间的过招让我们想起了一首诗词：“羽扇纶巾，谈笑间，樯橹灰飞烟灭。”

相比过去32年的低调，任正非在2019年把自己推向了台前，并罕见地接受了众多中外媒体记者的专访，任正非希望让大家看到一个真实、客观、全面的华为。华为因为掌握和拥有了5G技术，从而被美国关注，试图打击和阻挠华为公司的发展。

从2018年开始，美国先是让加拿大政府拘押了华为首席财务官孟晚舟，紧接着2019年5月美国商务部工业和安全局宣布把华为列入“实体名单”，这意味着华为不能在未经美国政府的批准下从美国公司购买零件，同时华为手机将不可以使用Google Android（谷歌安卓）操作系统。面对美国政府举一国之力来打击华为，作为华为公司的创始人任正非却显得异常冷静与睿智。

作为一家受害企业，任正非完全可以当着自己人，痛指美国人的残暴，但他没有。不仅没有，还极为客观、冷静、坦诚地告诉舆论和民众，不要做无谓的宣泄。任正非所表现出的冷静与理智，是国内很多企业家都无法企及的。

2019年3月任正非接受美国有线电视新闻网采访时这样对记者说：

“今天最兴奋的是美国对华为的打压。因为华为公司经历了三十多年，我们这支队伍正在惰怠、衰落之中，很多中、高级干部有了钱，就不愿意努力奋斗了。一位名人说过‘堡垒最容易从内部攻破，堡垒也最容易从外部被加强’，我们这个堡垒的内部正在松散、惰怠之中，美国这样一打压，我们内部受到挤压以后，就更团结，密度更强，更万众一心，下决心一定要把产品做好。我的担子减轻了，他们更努力了，他们叫喊的声音比我强，所以我就可以潇洒一点，对美国更多地赞扬。我们向美国学习先进开放，那么我们将来有一天会先成为发达公司的。”

任正非在接受中外主流媒体采访时也多次提到：

“我们还是要非常感谢美国公司的，三十多年来美国公司伴随着我们公司成长，做了很多贡献，教会我们怎么走路。大家知道，华为绝大部分的顾问公司都是美国公司，典型的有IBM、埃森哲等，有几十家。”

“我们被列入实体清单，美国公司卖产品给华为都必须要拿去获得批准。美国是法治国家，美国企业不能不遵守法律，实体经济要遵守法律。媒体也不要老骂美国企业，大家多为美国企业说话，要骂就骂美国政客。我觉得有时候不分青红皂白，一竿子打过去打的都是矮的人，其实高的人打不着。媒体应该要理解，美国企业和我们是共命运的，我们都是市场经济的主体。”

“美国政客做这个工作可能低估了我们的力量。我们有一些边缘产品没有‘备胎’，这些产品本来迟早就要淘汰的，这些有影响。但在最先进的领域不会有多少影响，至少5G不会影响，不仅不影响，别人两三年也不会追上我们的。”

而在提到美国制裁华为、华为起诉美国时，任正非讲道：

“我认为美国对华为的打击和指控，就应该用法律来解决。其实有时候我也很高兴，因为美国是目前世界上最强大的国家，而美国高级领导现在都奔走在全世界说华为。他们去到的这些地方，很多都是华为广告没能够做到的地方，大家根本不关心华为。但经过他们这么一说，现在全世界越来越多的人都在关注华为，也都知道了华为公司。”

美国政府对华为的这场战役对华为来说是一场艰苦卓绝的斗争，将是一场持久战，任正非在与美国政府这一仗中表现出来的正是卓越企业家的伟大胸怀与人类大同的大格局。无论如何我们都希望也相信华为定能在这场战役中取得最后的胜利，让我们一起期待和见证这一时刻的到来。

1.1.2 开放包容的格局：友商是对手，也是合作伙伴

在华为，不知从何时起，对“竞争对手”的称呼已经变成“友商”。

2011年4月任正非在一次报告会上提出：“与友商共同发展，既是竞争对手，也是合作伙伴，共同创造良好的生存空间，共享价值链的利益。”

任正非在报告中强调：

“华为的友商曾经是阿尔卡特、朗讯、北电、爱立信和摩托罗拉……2000年IT泡沫破灭以后，整个通信行业的发展都趋于理性，市场的增长逐渐平缓，未来几年年增长不会超过4%。而华为要快速增长，就意味着要从友商手里夺取份额，这就会直接威胁到友商的生存和发展，就可能在国际市场上到处树敌，甚至落入群起而攻之的处境。如今的华为虽已成为全球第一大移动通信设备提供商，但华为现在还很弱小，还不足以和国际友商直接抗衡，所以华为要韬光养晦，要向拉宾学习，以土地换和平，宁愿放弃一些市场、一些利益，也要与友商合作，成为伙伴，和友商共同创造良好的生存空间，共享价值链的利益。”

华为这些年以来一直在跟国际同行在诸多领域携手合作，通过合作取得共赢、分享成功，实现“和而不同”。和谐以共生共长，不同以相辅相成，这是东方古代的智慧。华为建立广泛的利益共同体，长期合作，相互依存，共同发展。

例如，华为曾经跟美国的3Com公司合作成立了合资企业。华为以低端数通技术（占51%的股份）入股，3Com公司出资1.65亿美元（占49%的股份），这样3Com公司就可以把研发中心转移到中国，实现了成本的降低，而华为则利用3Com世界级的网络营销渠道来销售华为的数通产品，大幅度地提升了产品的销售。2004年，华为的销售额增长了100%，这样双方就实现了优势互补、互惠双赢。

2004年，华为与西门子成立合资公司，共同研发TD-SCDMA技术；与中国电信合作，为国家主干网提供优化服务；获得了荷兰供应商、沃达丰、英国电信等企业的订单，并为泰国提供全国性的CDMA2000网络建设。

2006年，华为与摩托罗拉合作，在上海成立研发中心，随后与美国安全软件公司赛门铁克成立合资公司。

2009年，与爱立信在欧洲共同建造4G-LTE网络，并在2010年超越诺基亚、西门子和阿尔卡特，成为仅次于爱立信的第二大通信设备供应商。

这种尊重对手、维护对手的开放包容的大格局，必将帮助华为走出当前困境。

1.1.3　乐观坚强的格局：跟女儿孟晚舟通电话，只是讲讲笑话

任正非从1987年创办华为可以说经历了太多的血雨腥风和刀光剑影，亲人车祸离世、被癌症缠身、被抑郁症折磨……也许这些放在其他人的身上，早就崩溃了，但是在任正非看来这些都是历练。

孟子曾经在《生于忧患，死于安乐》中写道："天将降大任于斯人也，必先苦其心志，劳其筋骨，饿其体肤，空乏其身，行拂乱其所为，所以动心忍性，曾益其所不能。"任正非也曾经说过："人生可能会陷入绝境，但也可以绝处逢生，然后再渐入佳境。"

2018年12月1日，华为首席财务官孟晚舟（任正非女儿）在温哥华转机时，被无端拘扣。在孟晚舟被无端拘扣后，华为表现出了一种全球大企业的气象：不是情绪化地渲染愤慨与悲情，不是诉诸公众情绪和民粹主义，而是冷静、克制、温和、绵里藏针！当然，绵里藏针不等于就是软弱可欺，而是表面看似软如棉，内里其实硬如钢，有理、有利、有节！

面对美国政府的挑衅和打压，任正非少有地开始接受媒体专访。在访谈中，针对女儿孟晚舟被加拿大扣押，任正非显得乐观很多，他说女儿孟晚舟非常坚强，彼此通话也就是讲讲笑话，并且感谢国人和政府对华为和晚舟的关怀，也相信一定会通过法律途径解决好。

面对女儿在加拿大遭遇的不公正待遇，任正非表现出的气度与乐观格局真让人钦佩，他认为儿女们成长太顺利了，受点磨难是好的。"没有伤痕累累，哪能皮糙肉厚，英雄自古多磨难"，任正非认为这个磨难对孟晚舟本人也是巨大的财富。经过这些困难，会让她更加坚强，对她的成长也更加有利。

回到任正非2019年5月21日的发文中，如果你仔细听过他的发言，你会发

现，你完全感受不到这是一位洗尽铅华的75岁老人，他的格局让我们不得不肃然起敬。

如今，企业家首先应该考虑的是如何让自己的企业生存下去，那么企业生存的关键在哪里呢？关键就在企业的核心人物——企业家。而企业家提升自己的第一核心就是企业家的格局。企业家的格局提升了，才能站得更高，看得更远，才有可能像华为一样，在面对压力和困境时做出正确的布局。希望任正非的格局，能影响一大批中国企业家和中国企业。

1.2　敢于创新，勇于冒险

世界上唯一不变的就是变化，要在极速变化的世界中生存，就要不断创新和冒险。没有创新，要在高科技行业中生存下去几乎是不可能的。在这个领域，没有喘息的机会，哪怕只落后一点点，就意味着逐渐消亡。

1.2.1　敢于创新

创新是优秀企业家所具备的特质之一，也是企业家精神的核心。国内外但凡优秀的企业家都具备这一精神，从杰克·韦尔奇到乔布斯，从柳传志到马云，这些优秀的企业家骨子里都流淌着创新的血液。缺少了乔布斯的苹果在创新方面的举措和成就乏善可陈，越来越多的“果粉”开始怀念有乔布斯的日子；没有了比尔·盖茨的微软在苹果和谷歌面前反应迟钝且略显老态。创新如此重要，以至于我们不得不由衷佩服那些引领企业创新的优秀企业家。

创新这一点在任正非身上也体现得淋漓尽致。在企业战略方面，从代理到自主研发，从农村到城市，从通信设备到手机，华为凭借不断地创新与变革成就了快速发展。在企业管理方面，从《华为公司基本法》到任职资格管理，从不拘一格降人才到全员持股，华为无论在企业文化建设还是企业内部管控方面都开了先河，也走在同行的前列。华为不仅是第一个“吃螃蟹”的企业，同时也收获了巨大的成长和快速的发展。

正是不断地创新成就了今天的华为，它让华为一步步超越竞争对手。

大家都很想知道华为是怎么创新的，希望能结合创新谈变革。很多企业特别热衷各种创新模式的研究，如引进吸收式创新、渐进式自主创新、突破式自主创新等。可是，在华为“自主式创新”是一种“反动”的提法，任正非向来都是讲“开放式创新”，而且特别强调“以客户为中心”的创新。

华为的创新模式，总体上可分为两大阶段，以与全球最后一个超级竞争对手爱立信的业绩对比为分界点。第一个阶段为2011年之前，作为行业追赶者的创新模式；第二阶段是最近5年，作为行业领先者，进入“无人区”之后的创新模式。

1. 第一阶段：学习、追赶及差异化创新

华为在这一阶段的学习标杆和竞争对手是爱立信。华为曾形象地比喻道：“爱立信就是茫茫大海中的航标灯，灯关了，华为就不知道该去哪儿了。”

学习与追赶阶段：为了追赶业界最佳，华为在各细分领域都确定了自己的学习标杆和主要对手，努力学习，不断超越不同阶段的对手，目标就是进入细分领域的全球前三名，不只是做“大”，而且要做“强”。

从早期简单的“性价比”竞争，逐渐实现关键部件和技术的替代，努力提升核心竞争能力。例如，在光传输领域通过关键部件的技术突破与芯片化，实现光传输产品超越竞争对手的水平。

差异化创新阶段：除了华为，很多成功企业其实都是如此。腾讯赖以发家的QQ就是在现有ICQ的基础上，增加了跨终端登录、个性化头像、快速文件传送等差异化创新后，赢得了市场。

要形成差异化，就必须对客户需求有深刻的理解。因此，华为建立了以客户需求管理和产品规划为主的营销体系，需求管理一直延伸到一线“铁三角”的各市场神经末梢，并建立了IT支撑的三级需求管理流程和决策体系。

快速响应客户需求，并将需求转变为具有差异化竞争优势的产品。这个阶段的创新模式，极大地支撑了华为以IPD为标志的第一次管理变革，并丰富了其内涵。

2. 第二阶段：以客户为中心的开放式创新

与世界领先的竞争对手平起平坐，特别是进入“无人区”之后，这时的华为更加强调以客户为中心的开放式创新。在这一点上，很多学者和企业家存在不同的看法。

“领先三步是烈士。”定义清楚创新的边界，掌握商业发展趋势和开发节奏，华为强调技术只需领先半步。

任正非是个技术情节很重的人。1978年他作为军队的“科技标兵”代表，参加了全国科技大会，并对马可尼、贝尔实验室的多项诺贝尔发明充满了敬意。但当他看到通信行业很多优秀的公司，曾经都是华为的标杆与对手，一个个地倒下，充分体会到一个商业机构的创新必须“保证公司的商业成功”。而在进入“无人区”后，以客户为中心恰恰又是保证商业成功的基础。任正非强调，在财力有限的情况下，华为要聚焦主航道，即使资金充裕也要如此。

开放式创新就是要吸取“宇宙”精华，包括向竞争对手学习。华为在学习蓝绿军团的线下店布局和如何保持高盈利能力，学习三星的关键器件研发和供应链运作，学习苹果的商业模式和生态链构建等。

如果一个企业能够十几年如一日地持续发展，其中必有一个根本性的因素在发挥作用。在华为，这个根本性的因素就是自主创新，华为的巨大成功，就是自主创新的巨大成功。

正如管理大师彼得·德鲁克指出：“创新的成功不取决于它的新颖度、科学内涵和灵巧性，而取决于它在市场上的成功。”华为以其在市场上的巨大成功，证明了其自主创新战略的成功。

1.2.2 勇于冒险

冒险是优秀企业家的天性。创业和企业发展本身会存在很多风险，如果缺乏冒险精神，没有甘冒风险和承担风险的魄力，就不可能成为企业家。企业创新要么成功，要么失败，企业家没有别的第三条道路。

在深圳这座年轻而又充满激情的城市诞生了众多的冒险家：华为和腾讯的成功，比亚迪和五洲龙的崛起，众多的冒险家在深圳成就自己的企业和演绎着自己的财富故事。也正是凭借于此，2009年上海市委书记曾经说出“深圳是冒险家的乐园”这句意味深长的话语。

任正非在这些企业家中也算是颇具冒险精神的。1992年，当华为营业额首次突破1亿元大关时，创业合伙人建议把利润分了，但是任正非依然坚持把赚来的全部利润投入新产品的研发中去。这在当时无疑是一种巨大的冒险。如果任正非缺乏冒险精神，他一定不会这么做。如果没有当年在研发方面的投入，也就不可能有华为在市场上的披荆斩棘。

1998年，华为凭借在国内市场的良好表现成为本土第一品牌。面对荣誉和掌声，任正非做出了一个伟大而又冒险的决定——“进军海外市场”。我们很难想象，如果华为当年躺在功劳簿上会是一种什么样的结局。

在华为的一次内部会议上，任正非讲道：“雄赳赳、气昂昂，跨过太平洋，开拓海外市场。”这是一种巨大的冒险，失败了，就有可能“船毁人亡，葬身鱼腹”。但拥有强烈的冒险家精神的任正非，并没有被这些未知的困难和挑战所击倒。正是因为前些年华为敢拼敢打的冒险精神，才成就了现今的传奇华为。

1.3 利益分享

过去二十多年，华为通过构建员工利益分享机制，以奋斗者为本，极大激发了全体员工的持续奋斗热情，造就了强大的组织能力。任正非的这种利益分享精神，还从内部延伸到了上下游产业链，向客户、供应商分享利益。

1.3.1 与员工分享利益

分享是企业家精神的动力。一直以来任正非把“财聚人散，财散人聚”这句话作为自己经营企业的理念和准则。任正非懂得分享，善于分享。可以说，任正非是最懂得分享也最善于分享的一位企业家。

大家很难想象，任正非在自己一手打造的华为仅仅占有不到2%的股份。根据2018年的华为公司年报来看，华为是一家 100%由员工持股的民营企业。公司通过工会实行员工持股计划，截至2018年12月31日员工持股计划参与人数为96 768人。任正非通过多年的稀释，如今在华为公司的股份比例仅为1.4%。

华为的员工持股是一种特殊的虚拟股权激励政策。员工持有的华为公司股份为虚拟股份，需要员工现金购买并且仅享有分红权，没有其他的权利。华为通过员工持股计划将公司的长远发展和员工的个人贡献和发展有机地结合在一起，形成了长远的共同奋斗、分享机制。

任正非作为华为创始人仅仅持有华为不到2%的股份，这在中国企业界绝无仅有。但这也因应了一句话——“财聚人散，财散人聚”。任正非的格局和胸怀让他周围聚集了一大批将才和帅才，这些人才为华为的崛起立下了汗马功劳。

任正非的大气与分享让华为员工真正成为企业的主人。拥有了“一亩三分地”的华为员工为自己奋斗、为自己在市场上拼杀当然是不遗余力。正是这一点让华为拥有了竞争对手无可比拟的先发优势。

1.3.2 与客户分享利益

任正非在利益方面不仅舍得与员工分享，也特别舍得与客户分享。20世纪90年代初期，华为开始进入国内电信市场时，并不被认可。任正非四处游说各地电信局，由华为与电信局职工集资成立合资企业，并承诺高额回报。

正因为高额回报的诱惑，1997年，四川省通信管理局由工会出资，与华为公司组建四川华为公司。到年底，华为在该省的业务合同就从上一年的4 000万元猛增到5亿元，对方分到了25%的丰厚利润。同年，在河北省，华为的业务从零一下子做到10亿元；在山东省，则从原来的2 亿元销售额猛增到惊人的20亿元。有的地方电信局甚至拆除原有设备改装华为设备。

一个优秀的企业家只有舍得与创业伙伴和优秀职业经理人分享企业发展的红利，企业才能集聚一批优秀的骨干和职业经理人，优秀的人才和团队又会促进企业的良性发展，对于个人和企业来说都是一件好事。正所谓，有舍才有得。

1.4　开放与学习

学习是企业家精神的关键。任正非非常热爱学习，不仅他自己善于学习，并且他一直致力于在华为建立学习型团队。

任正非并不是管理科班出身，他也经常在很多场合讲自己在管理企业方面是一个门外汉，也一直在学习。正因为如此，任正非对待知识有一种强烈的渴望。在任正非的领导下，其管理团队经常跟随任正非“云游四海”。在日本，任正非和高管团队学习到了日本企业的品质管理意识和敬业精神；在美国，大家感受到了创新与创业精神；在德国，大家也学习到了德国人精益求精的工匠精神。

2016年，有人在华为心声社区发表了一篇名为《OPPO和vivo的人民战争》的文章，引发了激烈讨论。随后，华为终端启动了对这篇文章的学习，要求全体管理者输出个人学习心得，并落实到业务的改进上。这件事引起了任正非的注意。任正非为此专门表示：

“终端太伟大了。向一切优秀的人学习，真正敢批评自己，已经是伟大的人了。不管你真谦虚，假谦虚，我真心地说你们伟大，你们是我们的希望，希望寄托在你们身上。世界一定是你们的。”

由此，我们可以看出任正非的开放与学习的企业家精神。作为企业家，要能在残酷的市场竞争中生存下来，就需要在看清问题、明确方向的基础上，用开放的心态不断学习，勇于改变现状，积极地去拥抱企业家精神。

归纳起来，任正非的“开放与学习”的企业家精神主要从三个方面体现，即向毛泽东同志学习、向军队学习、向标杆企业学习。

1.4.1 向毛泽东同志学习

毛泽东思想特别是军事思想是毛泽东同志留给我们的最宝贵的遗产。他在长期的战争实践中，总结出了很多非常经典的部队管理和军事战略理论，如群众路线、农村包围城市、游击战、运动战、集中优势兵力等。这些部队管理和军事战略思想不仅成为中国共产党指挥下的军队克敌制胜的法宝，同时也成为当今众多企业学习和研究的课题。

俗话说，商场如战场。毛泽东同志的军事思想对于当代企业非常具有现实和指导意义。如果把一个国家比喻为一家企业，那么毛泽东同志无疑是最伟大、最成功的一位企业家，他的战略布局、用人与带兵艺术、行军打仗水平、领袖魅力等，无疑都是最值得中国企业家和创业者学习的。中国有很多企业家不仅深受毛泽东思想的影响，同时也把毛泽东思想在企业中加以活学活用。

任正非就是中国企业家学习毛泽东同志的典范，当年任正非在部队时就是“学习毛泽东思想积极分子”，创业后更是把毛泽东思想很好地运用在了企业经营和管理实践中。

1. 农村包围城市

任正非是受毛泽东思想影响颇深的一位企业家，在华为早期的发展过程中，任正非采取的就是毛泽东同志的“农村包围城市”策略。

华为成立于1988年，1992年开始进入中国电信设备领域。为了避开国外的强势竞争对手，在“农村包围城市”这一策略指导下，华为与国外竞争对手采用了游击战的方式。华为选择了竞争对手无暇涉足的中国庞大的农村市场。在当时的中国农村市场，华为成立了一个“装机小分队”，这个小分队机动灵活，只要有客户需求，他们可以第一时间出现在客户面前。

要知道，华为当年涉足的这些区域，可都是国外大型电信设备提供商连瞧都不愿意瞧的地方。就这样经过4年的时间，凭借华为出色的服务和颇具性价比的产品，华为成为中国农村市场的第一品牌。不过华为并不甘于永远在农村市场待下去，1996年华为开始向中国大城市进军，又经过2年时间，华为进入了一个又一个一线二线城市。1998年，华为战胜众多国际巨头成为中国市场的第一。

华为在海外市场的布局也采用“农村包围城市”这一策略。最早华为选择以亚非拉许多国家作为突破口，当在这些国家取得市场地位和份额之后再进入欧美等主流国家，华为凭借这一策略也大获成功。如今的华为，不仅在亚非拉等许多国家拥有绝对的市场份额，在许多欧美主流国家也拥有绝对的市场份额。

2. 压强原则

如果说“农村包围城市”和“游击战”的思想让华为得以迅速发展壮大的话，那么任正非在毛泽东同志的“集中优势兵力，各个击破”的基础上结合华为实际情况总结出来的“压强原则”则让华为构建出独特的产品竞争力和企业竞争优势。

在《华为公司基本法》第二十三条中对于压强原则是这么阐释的：我们坚持“压强原则”，在成功关键因素和选定的战略生长点上，以超过主要竞争对手的强度配置资源，要么不做，要做，就极大地集中人力、物力和财力，实现重点突破。在资源的分配上，应努力消除资源合理配置与有效利用的障碍。我们认识到对人、财、物这三种关键资源的分配，首先是对优秀人才的分配。我们的方针是使最优秀的人拥有充分的职权和必要的资源去实现分派给他们的任务。

压强原则比较适用于实力上处于劣势的企业与优势企业竞争。华为公司的实践证明，凭借压强原则，华为从创业初期至今一直以超越竞争对手的绝对优势在研发的人力和物力上进行投入，华为当年引以为傲的C&C08数字程控交换机产品就是非常好的“压强原则”运用案例。

华为从1992年开始开发C&C08数字程控交换机，当时正是华为公司财务状况非常紧张的时期。尽管当时华为一度穷得连工资都发不出来，但是华为却为C&C08产品开发工程师提供了很好的开发平台。华为几乎将公司所有的资金和开发力量都投放在C&C08数字程控交换机的开发上。

在人员安排上，公司安排华为早期研发的领军人物也是当时的总工程师郑宝用亲自挂帅产品经理。在郑宝用的带领下，华为投入了将近300位研发人员，在有将近50余位分项目经理的管理学院，大家几乎是没日没夜地赶进度，调试产品。华为“床垫文化”就是在这个时期诞生的。

华为不仅在人力方面投入巨大，在产品开发方面的投入几乎不惜血本。为了产品开发能够和国际接轨，公司想尽办法为项目组购置了上百万元的数字示波器、模拟呼叫器等最新的开发工具。正是凭借这种毕其功于一役的精神和集中优势兵力的压强原则，华为的C&C08数字程控交换机获得了极大的成功。最终历经一年的时间，华为自行开发和设计了新一代数字程控交换机C&C08。

C&C08数字程控交换机对于华为来说，绝不是一个简单的产品，它是一个里程碑，也是华为未来发展的基石，华为后来的一切都是从这里发展出来的。

任正非曾用坦克和钉子的比喻说明“压强原则”：坦克重达几十吨，却可以在沙漠中行驶，原因是宽阔的履带分散了加在单位面积上的重量；钉子质量虽小，却可以穿透硬物，是因为它将冲击力集中在小小的尖上，二者的差别就在于后者的压强更大。

同样的道理应用到企业战略上，就有了“压强原则”。华为公司靠“压强原则”突破了万门数字程控交换机，突破了GSM全套移动通信设备，突破了光网络设备……几乎所有的重大产品，最初都是这么突破的。公司规模小时如此，如今公司规模大了，每年的研发费用超过了100亿元，但在项目资源配置上，还在继续贯彻“压强原则”。

“压强原则”源于毛泽东同志对于“集中优势兵力”的阐述，毛泽东同志曾经在1946年做过一次《集中优势兵力，各个歼灭敌人》的重要讲话：

“集中优势兵力、各个歼灭敌人的作战方法，不但必须应用于战役的部署方面，而且必须应用于战术的部署方面。在战役的部署方面，当着敌人使用许多个旅（或团）分几路向我军前进的时候，我军必须集中绝对优势的兵力，即集中六倍、或五倍、或四倍于敌的兵力、至少也要有三倍于敌的兵力，于适当时机，首先包围歼击敌军的一个旅（或团）。这个旅（或团），应当是敌军诸旅中较弱的，或者是较少援助的，或者是其驻地的地形和民情对我最为有利而对敌不利的。我军以少数兵力牵制敌军的其余各旅（或团），使其不能向被我军围击的旅（或团）迅速增援，以利我军首先歼灭这个旅（或团）。得手后，依情况，或者再歼敌军一个旅至几个旅。在战役部署上，必须反对那种轻视敌人、因而平分兵力对付诸路之敌、以致一路也不能歼灭、使自己陷于被动地位的错误的作战方法。”

华为提倡的“压强原则”其实不仅体现在研发领域，在市场领域同样适用，只不过在研发领域体现得明显一些。尤其是在早期，华为显然很明白自己无论是在产品、市场还是在管理上都不占优势，要想在竞争中赢得优势，只能通过人海战术。对华为有利的是，中国低廉的劳动力成本为其实施“压强原则”创造了良好条件。

如今华为全球员工有19万人，其中研发人员有将近9万人。我们来看一下华为的几大主要竞争对手：爱立信全球员工近8万人，思科全球员工也差不多8万人，也就是说华为仅研发员工就已经和竞争对手全部员工人数持平了，可以说华为在研发方面投入了2倍于竞争对手的兵力。此外，在研发的投入方面华为也毫不吝啬。华为每年投入营业收入的10%作为研发经费，近10年华为累计在研发上的投入达到4 850亿元。

华为凭借在人员和研发投入方面的绝对优势击败一个个竞争对手。甚至欧美许多媒体称华为是欧美通信设备提供商的“灾难”。

华为和港湾公司之间的“战争”也可以说是“集中优势兵力，各个击破”的极佳运用。在华为和港湾一役中，从2003年到2006年任正非仅用了3年时间就将其成功收于麾下，2006年华为全资收购港湾公司。在这场经典的战役中，任正非调兵遣将，集中优势资源的战略战术在其中体现得淋漓尽致。

1.4.2 向军队学习

任正非是军人出身，其身上体现了浓郁的军队气息与特质。在华为企业管理中，任正非也把军队非常多好的元素带入企业中去。这些年华为一直在向军队学习。

2009年，任正非在市场部一次会议中发表了一篇著名的文章《让听到炮声的人来呼唤炮火》。这篇文章中就以军队为例，提出了华为内部以客户为中心的组织变革与转型。华为面向客户的“铁三角”作战单元就是从这篇文章开始正式确定下来，并且成为华为组织转型最成功的模式。

以某个特种部队来举例，以前前线的连长指挥不了炮兵，要报告师部请求支援，师部下命令炮兵才开打。现在系统的支持力量超强，前端功能全面，授权明确，特种战士一个通信呼叫，飞机就开炸，炮兵就开打。前线3人一组，包括一名信息情报专家、一名火力炸弹专家、一名战斗专家。他们互相了解一点对方的领域，紧急救援、包扎等都经过训练。当发现目标后，信息情报专家利用先进的卫星工具等确定敌人的集群、目标、方向、装备等，火力炸弹专家配置炸弹，战斗专家计算出必要的作战方式，其按授权许可度，用通信呼唤炮火。

该作战小组的授权是以作战规模来定位的，如5 000万美元，在授权范围内，后方根据前方命令就及时提供炮火支援。华为通过学习军队的做法，以毛利、现金流对基层作战单元授权，在授权范围内，员工甚至不需要代表处批准就可以执行。

军队是消灭敌人，在华为眼里就是获取利润。

1. 华为铁三角组织变革

可以说，华为深刻理解到了该特种部队组织模式的精髓。早在2008年，华为北非地区部开始试点铁三角作战单元。以客户经理、解决方案专家、交付专家组成的工作小组，形成面向客户的“铁三角”作战单元。这个铁三角可以说为华为打下“全球江山”立下了汗马功劳，也成为华为击败竞争对手的利器。

那么华为铁三角的精髓是什么呢?

铁三角对准的是客户，目的是利润。铁三角为了实现目标形成以项目为中心的团队运作模式。公司主要的资源要用在找目标、找机会，并将机会转化成结果上。后方配备的先进设备、优质资源，应该在前线一发现目标和机会时就能及时发挥作用，提供有效的支持，而不是拥有资源的人来指挥战争、拥兵自重。

华为从2009年开始在全公司推行铁三角组织模式，将决策权根据授权规则授给一线团队，后方起保障作用。所有的流程都是为了前线，就是以需求确定目的，以目的驱使保证，一切为前线着想，精简不必要的流程，精简不必要的人员，提高运行效率，为生存下去打好基础。

2. 小前端，大后方

通过研究我们发现，表面看来，军队是在执行任务，但其背后却有着一个庞大的系统在支撑：若干颗侦察和通信卫星、一架担负实时传输和无线监听任务的隐形无人侦察机、多架空中待战掩护的F/A-18战斗机、一支担负战略支援的航母编队、两个中亚基地和五个指挥中心，以及近万名各类支援保障人员……

这种小规模行动、大体系支撑的作战样式，充分展示了现代作战的制胜机理。信息主导、体系支撑、精兵作战、联合制胜，已成为现代战争的基本特点。

该特种部队为何如此神奇？为什么他们能够高效率、高质量地打击目标和完成任务？中国企业可以向他们学习什么？未来的企业形态是否可以向战争学习和借鉴呢？

2015年6月华为公司总裁办以电邮的方式转载了一篇文章《美军还能打仗吗？》，这篇文章引起了任正非的强烈共鸣。美军的运作模式和成功经验给华为以重要的管理启示，华为除了向美军学习组织的分工与协作，同时也在学习美军干部的选拔、培养和激励。可以说，华为向美军的学习是全方位、立体式的。

华为在内部颁发的十六条军规就是向美军学习借鉴的结果。在美军有“美国士兵的二十二条军规”，这二十二条作战条例，全部来自一线士兵的实战经验。2017年1月，任正非在华为正式签发了“华为十六条军规”。

1.4.3 向标杆企业学习

2000年是华为国际化和向IBM学习的开始阶段。为了更好地和IBM顾问沟通，也为了更好地与国际接轨，57岁的任正非开始学习英文。每天早上都能听到任正非在总裁办公室大声朗读英文的声音，虽然发音不是很标准，但是这种学习精神却激励和鞭策着华为的管理层和年轻员工。

为了让全体华为人能够接受专业系统的培训与学习，也为了建立华为学习型组织，任正非主导成立了华为大学。华为大学不仅拥有一流的软硬件设施，并且拥有专兼职讲师2 000多位。作为国内最优秀的企业大学之一，华为大学的成立不仅为华为人接受专业系统学习提供了良好的平台和机会，并且也为华为客户接受华为产品培训立下了汗马功劳。华为大学的成立也带动了平安大学、招银大学、比亚迪学院的成立。各个企业大学的成立极大地推动了企业的发展和员工的成长。

任正非多次带领高管团队走出国门，既让华为发现了与全球标杆企业的差距，也让任正非确定了向标杆企业学习的信念。也正是由于华为孜孜不倦地向标杆企业学习，终于让华为取得了世界第二大通信设备制造商的成就。

1.5　危机与忧患意识

危机意识是任正非一直紧绷的弦，从未松懈。2000年以科技股为代表的纳斯达克股市的崩盘和“网络泡沫”的破灭，使全球互联网产业进入了“严冬”。“多米诺骨牌”效应带动IT产业整体下滑，市场一片低迷。2001年任正非的一篇《华为的冬天》可谓雪中送炭，这篇文章不仅激励和鞭策着数以万计的华为人，也激励着中国一代IT人。

当时中国的IT业界把这篇文章奉为圭臬，任正非在文章中说：“十多年来我天天思考的都是失败，对成功视而不见，也没有什么荣誉感、自豪感，而是危机感。也许是这样才存活了十多年。”这句话听起来似乎有些极端，但是这却是任正非忧患意识的真实写照。也正是强烈的危机意识让任正非判断国际化是华为走出冬天的唯一出路。同年，任正非在企业内部做了一次主题演讲，题目就叫《雄赳赳、气昂昂，跨过太平洋》。在演讲中，他提出了经典的“冬天去北极”这一著名论调，号召华为员工走出去开拓亚非拉市场。也正是在这个时候，华为正式吹响了进军全球的号角。

经过了漫长的3年“冬天”，经历了“冬天去北极”的历练，华为获得了极大的成长，2004年华为终于又一次见到春天。这一年华为的销售额达到了462亿元，并且实现了50亿元的净利润，在中国电子百强利润排名榜首。带领华为走出冬天的恰恰是任正非在冬天咬紧牙关伸展出的海外翅膀。在海外市场上，华为不仅销售额达到22.8亿美元，占到总销售额的41%，而且已经全面登陆欧洲主流市场。

与此同时，在华为内部开展的IPD、ISC等业务流程变革也从试运行进入全面推广期。实际上，通过先进的管理方法应用，华为从研发效率、研发产出供应链等多方面大大提升了公司的竞争能力。通过表1-1我们可以看出华为实施IT流程变革前后的效果。

表 1-1 华为业务流程变革成果

事　项	实施前（1998 年前）	实施后（2003 年后）
库存管理	库存数据不及时 库存盘点困难	库存准确率达到 98% 以上，大大提高物料管理效率
采购订单处理	平均处理周期为 8 天 平均处理成本为 2 000 元	平均处理周期为 2 天 平均处理成本为 700 元
销售订单处理	处理周期长 难以检查订单处理情况	处理周期缩短 35% 日处理 500 份订单，方便检查订单处理情况
财务结账周期	平均周期为 15 天	平均周期为 5 天
对公司营运支持	10 亿元左右的销售额	人员增长 5 倍，销售额达到 220 亿元

孟子早在公元前就提出“生于忧患，死于安乐”的警示，放到现在，一样适用。现代企业处于一个信息高度发达、市场竞争高度激烈的环境下，市场环境、客户需求、市场需求瞬息万变，唯有保持高度的危机意识以及在危机面前沉着应对、修炼内功才能成为最终的赢家。

1.6 灰度、妥协与自我批判

除了“大格局”、创新、冒险、利益分享、开放与学习、危机与忧患意识，在任正非不可复制的企业家精神里，必须要提及的还有灰度、妥协与自我批判。

1.6.1 灰度、妥协

“一个领导人重要的素质是方向、节奏。他的水平就是合适的灰度。坚定不移的正确方向来自灰度、妥协与宽容。只有宽容才会团结大多数人与你保持一致的认知方向，只有妥协才会使坚定不移的正确方向减少对抗，只有如此才能达到你的正确目的。”

2010年在全球市场工作会议上，任正非就管理之道阐述了自己的观点。任正非指出，“灰度管理”是华为的生命之树，决定了华为的发展方向与领导层的决策水平。同时，对于内部不同意见与声音，只要有利于实现企业目标，领导要学会妥协与宽容，这是将不同性格、不同特长、不同偏好的人才凝聚起来的关键。

在任正非看来，一个领导人重要的素质是方向、节奏。领导者的水平就是合适的灰度。一个清晰的方向，是在混沌中产生的，是从灰色中脱颖而出的。方向是随时间与空间而变的，它常常又会变得不清晰。并不是非黑即白、非此即彼。合理掌握合适的灰度，是使各种影响发展的要素，在一段时间内和谐并存。这种和谐的过程叫妥协，这种和谐的结果叫灰度。

在一些人眼中，妥协似乎是软弱和不坚定的表现，似乎只有毫不妥协，方能显示出英雄本色。但是，这种非此即彼的思维方式，实际上是认定人与人之间的关系是征服与被征服的关系，没有任何妥协的余地。

“妥协”其实是非常务实、通权达变的丛林智慧，凡是人性丛林里的智者，都懂得在恰当时机接受别人的妥协，或向别人提出妥协，毕竟人要生存，靠的是理性，而不是意气。任正非反对为变革而变革，提出了“灰色管理”的概念，管理要适合国情；在具体实践中，坚持“七反对”，即“坚决反对完美主义，坚决反对烦琐哲学，坚决反对盲目的创新，坚决反对没有全局效益提升的局部优化，坚决反对没有全局观的干部主导变革，坚决反对没有业务实践的经验的人参加变革，坚决反对没有充分论证的流程进行实用。”

任正非也曾经在一次针对产品线骨干的交流时提到：“在满足市场需求和产品稳定方面是一个平衡和妥协的问题。什么是领导？领导就是妥协，大家要学会善于妥协。比如我们强调高质量，但是高质量不能五千年以后再出来，那时出来有什么用？当然我们也不能说产品根本不能用也推到市场上去，这也不行。如何平衡？就要学会妥协，要服从于市场需要、客户的需要。我们不能说因为这个产品不稳定，就坚决不能卖，差一个功能也不能卖。公司所有的部门，包括研发部、市场部，如果确实需要一个不成熟的产品推出去抢占市场的时候，我们就需要集中资源，一要保证前方有足够的资源进攻，二要保证后方有足够的资源优化改进，前方后方凝成一体，就能取得胜利。"

1.6.2 自我批判

毛泽东同志曾经在1953年发表过关于《批评与自我批评》的重要讲话。一代伟人尚且如此，对于把毛泽东同志作为自己崇拜偶像的任正非在这方面更是身体力行。任正非是一个敢于自我批判并且把自我批判作为一种领导者关键气质的人。

在华为内部，自我批判已经成了华为核心价值观的主要内容："自我批判的目的是不断进步，不断改进，而不是自我否定。只有坚持自我批判，才能倾听、扬弃和持续超越，才能更容易尊重他人和与他人合作，实现客户、公司、团队和个人的共同发展。"

任正非也曾经在其文章《为什么要自我批判》中写道：

"华为还是一个年轻的公司，尽管充满了活力和激情，但也充塞着幼稚和自傲，我们的管理还不规范。只有不断地自我批判，才能使我们尽快成熟起来。我们不是为批判而批判，不是为全面否定而批判，而是为优化和建设而批判，总的目标是要导向公司整体核心竞争力的提升。

我们处在IT业变化极快的十倍速时代，这个世界上唯一不变的就是变化。我们稍有迟疑，就失之千里。故步自封，拒绝批评，忸忸怩怩，就不只千里了。我们是为面子而走向失败，走向死亡，还是丢掉面子，丢掉错误，迎头赶上呢？要活下去，就只有超越，要超越，首先必须超越自我；超越的必要条件，是及时去除一切错误。去除一切错误，首先就要敢于自我批判。古人云：三人行必有我师。这三人中，其中有一人是竞争对手，还有一人是敢于批评我们设备问题的客户，如果你还比较谦虚的话，另一人就是敢于直言的下属，真诚批评的同事，严格要求的领导。只要真正地做到礼贤下士，没有什么改正不了的错误。”

任正非不仅严格要求自己要具备自我批判精神，同时他也要求所有华为人要有自我批判精神。他希望华为人“每日三省吾身”，要意识到自己的不足，并不断接受建议以便改进。任正非对于不同级别的干部也有不同的要求，凡是不能使用自我批判这个武器的干部都不能提拔。

现代社会不缺少企业家，缺少的是具有自我批判精神的企业家。只有不断进行自我反省和自我批判的企业家，才能带领企业不断完善和革新。

第2章 战略聚焦：32年只做一件事

坚持压强原则，在成功的关键因素和选定的战略点上，以超过主要竞争对手的强度配置资源，要么不做，要做就极大地集中人力、物力和财力，力出一孔，实现重点突破。这就是华为的战略聚焦。华为的聚焦战略主要体现在市场聚焦、主航道聚焦、创新聚焦、投资聚焦、组织聚焦五大方面。

2.1 市场聚焦：基于愿景与使命的战略

企业愿景与使命体现了企业家的立场和信仰，是企业最高管理者头脑中的一种概念，是企业家对企业未来的设想，是对“我们代表什么”“我们希望成为怎样的企业”的持久性回答和承诺。一个企业的愿景和使命也不断地激励着企业奋勇向前，拼搏向上。

何谓企业愿景？它是指企业的长期愿望与未来状况，以及组织发展的蓝图，体现的是组织永恒的追求。企业愿景是企业的发展方向及战略定位的体现。何谓企业使命？企业使命是企业存在的目的和理由。

彼得·德鲁克认为，企业要思考以下三个问题。

第一个问题，我们的企业是什么？

第二个问题，我们的企业将是什么？

第三个问题，我们的企业应该是什么?

这三个问题集中体现了一个企业的愿景和使命。作为一个企业的创始人和领导者也首先必须回答这三个问题，由此确定企业自身的愿景和使命以及企业价值观。

华为的愿景和使命在公司发展的不同阶段有不同的表述和内容。1998年《华为公司基本法》在华为正式确定，第一条就明确提出了公司的愿景与使命：

“华为的追求是在电子信息领域实现顾客的梦想，并依靠点点滴滴、锲而不舍的艰苦追求，使我们成为世界级的领先企业。为了使华为成为世界一流的设备供应商，我们将永不进入信息服务业。通过无依赖的市场压力传递，使内部机制永远处于激活状态。”

2005年，华为的愿景和使命发生了升级。任正非在“广东学习论坛”报告会上做的专题报告中指出，华为的愿景是丰富人们的沟通和生活；使命是聚焦客户关注的挑战和压力，提供有竞争力的通信解决方案和服务，持续为客户创造最大价值。

物联网、云计算、人工智能的兴起，正推动着社会的数字化演进。全联接世界向智能化的方向快速发展，加速了社会的数字化转型。产业之间的相互渗透和融合也在加速，技术正在打破人、企业和万物之间的界限。“变化”是这个时代的主题词，跨界和重构成为产业的基本形态，资源竞争转向“智源”竞争，“智本”比资本更具优势。这个时代不仅技术在发生颠覆性的变化，价值、资源、规律……也在变化。唯一不变的就是变化，一切都面临巨大的变化，“智能+”时代将为我们打开一个全新的未来。

随着信息和通信技术（Information and Communication Technology，ICT）的加速融合，以云计算、大数据为特征的技术正在成为引领和促进ICT行业创新和发展的核心技术。新的技术创新，不仅在全方位地重构通信技术（Communication Technology，CT）产业，而且通过IT和CT产业融合带来巨大的商业发展机遇。为适应这一革命性的变化，华为围绕客户需求和技术领先持续创新，与业界伙伴开放合作，聚焦构筑面向未来的信息管道，致力于共建更美好的全联接世界，持续为客户和全社会创造价值。

站在新时代的起点，华为于2017年年底提出了新的愿景与使命。华为致力于把数字世界带入每个人、每个家庭、每个组织，构建万物互联的智能世界：让无处不在的联接，成为人人平等的权利；让无所不及的智能，驱动新商业文明；所有的行业和组织，因强大的数字平台，而变得敏捷、高效、生机勃勃；个性化的定制体验不再是少数人的专属特权，每个人与生俱来的个性得到尊重，潜能得到充分的发挥和释放。

2.1.1 聚焦ICT基础设施和智能终端

基于愿景和使命，华为的战略是聚焦ICT基础设施和智能终端，使能数字化转型。

未来社会将是一个“智能社会”，这点我们深信不疑。智能社会主要有以下三个特征。

第一，万物感知：所有的物、所有的人都可以感知到。

第二，万物联接：所有的一切，人与人、物与物、人与物全联接起来。

第三，万物智能：每个个体都是智能的，整个社会成为一个智能的有机整体。

在人类走向智能社会的过程中，华为定位自己是智能社会的使能者和推动者，希望通过自身的努力跟产业界一起推动人类社会走向智能社会。

企业要成为一个数字化的企业。任何组织，包括企业、政府、非营利组织都要成为一个数字化的组织。只有成为一个数字化的组织，才有可能在走向智能化社会的进程中不掉队。什么是数字化组织？数字化组织的目标要清晰，否则就找不到努力的方向。

华为认为数字化组织应该有以下五个方面的标志：

第一，面向员工、面向伙伴、面向客户，能提供ROADS化的体验，即

Real-time（实时）、On-demand（按需）、All online（全在线）、DIY（个性化自助）和Social（社交分享）。

第二，能充分激发和使能员工。

第三，能适应快速多变的客户需求和技术趋势，具备敏捷创新的能力。

第四，具有健康的生态体系。数字化时代，任何一个企业都无法独善其身。企业只有两个选择，要么参与生态，要么主导生态。只有融入、参与或主导健康生态，才可以更好地发展、更好地抓住机会。

第五，实现智能运营，充分利用大数据、人工智能技术，使整个企业实现自动化决策、智慧化决策，提升整个决策的效率和质量。

数字化的组织未来应该达到的目标，是我们要持续不断讨论和探索的课题。只有进一步把数字化的企业或者数字化的组织的目标定义清楚了，走向目标的过程中才会有清晰方向，从而少犯错误。

从智能终端来讲，华为也不清楚未来的智能手机或者智能终端到底是什么形态。但是有一点很清楚，终端将从现在的智能走向智慧，成为每一个人的智慧助手。从手机的发展进程看，以前用手机主要是打电话，现在的智能手机通过各种应用使得工作更高效、生活更方便，实现了“使能我”。未来智慧手机应该成为“懂我”的智慧助手。华为在前几年也做过一些尝试，2018年发布了一款智慧手机，探索未来的走向。经过这些探索，我们认为华为在整个智能终端的走向上应该是比较清晰的。

人类社会在走向智能社会的过程中，华为作为使能者和推动者，要有清晰的战略，要清楚聚焦什么，放弃什么。经过这几年的探讨，华为的战略已经比较清晰了，主要有三个方面：

第一，做多联接。联接所有未联接的人和物，并使带宽更宽、体验更好。

第二，撑大管道。视频将无处不在，无论是沟通、处理问题、教育、医疗……越来越多地通过视频来开展，而不是继续靠过去的语音和数据。因此视频将成为管道中信息流的绝大部分，发展好视频，就能撑大管道。

第三，使能行业数字化。华为将通过促进ICT基础设施全面云化，助力所有组织数字化来使能行业数字化。同时，云服务是未来基本的商业模式，华为将驱动云服务成为任何企业面向客户的统一平台。

做多联接，是华为过去三十多年和面向未来一直努力实现的事情。打造全联接的世界是华为的使命：把所有的人与人、人与物、物和物之间全面联接起来，同时实现一个人在工作、家庭、驾驶等各种状态下的无缝联接；联接起来并不是终点，而只是新的起点，要让体验持续提升。

华为经过这么多年的思考，清晰了自己的定位和战略，将继续聚焦ICT基础设施和智能终端，成为智能社会的使能者和推动者，推动智能社会的发展。

2.1.2 敢于在“战略机会点”上聚集力量

这些年，华为聚焦基于愿景与使命的市场战略，敢于在“战略机会点”上聚集力量，不在“非战略机会点”上消耗力量。华为不盲目做大、盲目铺开，而是聚焦在少量有价值的客户、少量有竞争力的产品上形成突破。

首先，在海外市场的开拓上，对于战略重点市场，华为实行终端组织直线管理，而对于非战略机会市场，则交给当地代表处管理，不过度耗费精力。这就明确显示了海外市场开拓的重点，集中工作在最需要火力的市场上，实行目标精准打击，减少了旁枝末节对战略实施的影响。通过工作的集中部署来开拓和活跃市场，从而达到打开市场和维护市场的目标。

其次，在创新发展理念方面，华为坚定地不走上市公司的道路，不做资本化的运营，也不扩展运营范围，而是将精力和资源专注地投入在大数据传送渠道上，实行饱和攻击。华为每年的研发投入不低于营业收入的10%，这么大的资金投入就是为了能够构建在大数据传送技术方面的核心竞争力。

经过不懈努力，华为厚积薄发，在大数据传送技术上达到世界领先水平。但是华为并没有就此止步，而今随着大数据的迅猛发展，华为仍然持续在机遇中寻求创新，依旧加大对渠道战略的密集投入。

为了开拓海外市场，华为放弃了很多东西。当年华为已经拥有充足的客户关系，当日本公司问华为做不做“小灵通”时，华为拒绝了，因为这不是华为当时的战略重心。而当联通打算建一个CDMA网络系统时，华为也没有参与，还是因为华为主要的战略是扩展海外。

华为为了开拓海外市场，放弃了眼前利益的诱惑，坚定不移走自己的路，体现出华为在发展理念下的聚集力量、饱和攻击的态度，这也成为华为之所以成功的基石。

2.2　主航道聚焦：认真做好一件事

战略是什么？战略大师迈克尔·波特说过：“战略就是选择，选择做什么和不做什么，其根本是选择不做什么。”

华为32年时间的战略选择是什么？2017年华为公司年报的开篇有这样一段话：“华为30年坚持聚集在主航道，抵制一切诱惑，坚持不走捷径，拒绝机会主义，踏踏实实，长期投入，厚积薄发；坚持以客户为中心，以奋斗者为本，长期艰苦奋斗，坚持自我批判。”

这句话说起来挺简单，但是要做到真是太难了，华为用了32年时间一直践行着聚集和专注。32年来，诱惑和机会主义随时都在等着华为。华为地处深圳特区，这里是冒险家的乐园。在华为创办的早期，深圳遍地都是商机，房地产、股市催生了一大批明星企业和明星企业家，华为也曾经有许多机会可以进军房地产和金融投资领域，但是都被任正非一一拒绝了。

2016年，华为将三幅图片作为其企业形象广告。其中，第一幅图片为“捕鱼的瓦格尼亚人”。它取自爱尔兰摄影师记录下的瓦格尼亚人在刚果（金）博约马瀑布附近捕鱼的瞬间。瓦格尼亚人编制巨大的木篮，放在每秒流量2.8万立方米的刚果河中，湍急的河水会把鱼推到木蓝里。瓦格尼亚人捕鱼时必须非常专注，否则就会被河水卷走。这种古老的捕鱼方式已经持续了数百年。

华为之所以用瓦格尼亚人古老的捕鱼方法来做广告，其思想非常清晰：聚焦于大数据洪流中的战略性机会，不在非战略机会点上消耗战略竞争力量。

2.2.1　32年只做一件事

任正非曾经在一次讲话中说道："华为没那么伟大，华为成功也没什么秘密！华为就是典型的阿甘，阿甘就一个字——傻，阿甘精神就是目标坚定、专注执着、默默奉献、埋头苦干！华为就是阿甘，认准方向，朝着目标，傻干、傻付出、傻投入。"

华为的主航道是什么？20年前任正非已经向所有员工清晰地回答了这个问题。《华为公司基本法》第一条下半部分提出："为了使华为成为世界一流的设备供应商，我们将永不进入信息服务业。通过无依赖的市场压力传递，使内部机制永远处于激活状态。"

"永不进入信息服务业！"这一句话是任正非亲自加上去的，起初许多华为高管对于这一条深表不解和不赞成，任正非是这样说服高管的："我们把自己的目标定位成一个设备供应商，我们绝不进入服务业就是要破釜沉舟，把危机和压力意识传递给每一个员工。"

任正非希望通过这句话来传递这样的信号：华为只有无比专注地通过来自竞争的压力不断提升自己，才能最终成长为世界级的企业，而这是唯一的道路，没有捷径。

2016年任正非在接受新华社记者采访时曾说道："华为坚定不移28年只对准通信领域这个'城墙口'冲锋。我们成长起来后，坚持只做一件事，在一个方面做大。华为只有几十人的时候就对着一个'城墙口'进攻，几百人、几万人的时候也是对着这个'城墙口'进攻，现在十几万人还是对着这个'城墙口'冲锋。密集炮火，饱和攻击。"

2018年4月，深圳商报的记者问任正非这样一个问题：华为一直强调聚焦主航道，但现在新经济这么活跃，有没有想过跨界？任正非回答道：华为做的是管道，只管流量的流动。终端是管道，它相当于“水龙头”，企业业务也是管道。华为不会做多元化业务，会永远聚焦在主航道上，未来二三十年，可能我已不活在世界上了，但相信后来的公司领导层仍会坚持聚焦。

选择没有对错之分，只有适合不适合，华为在合适的时间选择了合适的事情，最终成就了华为32年的快速增长与崛起。

2.2.2　针尖战略，力出一孔

任正非在其2014年的讲话中，首次使用了“针尖战略”这个词。什么是针尖战略？就是“我们收窄战略面，在针尖领域，踩不着别人的脚。我们在主航道上是针尖战略。针尖战略就是冲到最前面。不与别人产生利益冲突”。“我们每一条产品线、各个区域都要用针尖战略突进无人区。”

任正非的“针尖战略”实际上包含三层含义：

第一，要“聚焦”。

第二，“压强”。

第三，“冲到最前面”。

这一战略思想与华为2014年推出的三幅广告的寓意非常贴切，它们是“瓦格尼亚人的捕鱼瞬间”“欧洲核子研究中心发现‘上帝粒子’——希格斯玻色子”“女飞人乔伊娜微笑冲过终点的瞬间”。

“瓦格尼亚人在刚果河中捕鱼”传递的就是坚持战略聚焦。华为聚焦于大数据洪流中的战略性机会，不在非战略机会点上消耗战略竞争力量。

欧洲核子研究中心投资90亿美元打造了世界最大实验项目——大型强子对撞机。经过近万名科学家几十年的努力，于2012年宣布成功发现“上帝粒子”。“欧洲核子研究中心发现上帝粒子”传递的是持续战略投入。华为坚持在主航道持续密集投资，多路径、多梯次地探索未来方向、实现突破。

乔伊娜说：“对于短跑选手来说，跑完赛场上的100米总共只有10秒左右的时间。所以我们会把每一秒都划分成100个等份来计算，每0.01秒都是很重要的。”这幅广告传递的是不断实现战略突破。华为致力于一点一滴的进步，厚积薄发。

2.2.3 拒绝机会主义

还记得2001年中国的电信市场上小灵通大行其道，但是这块“肥肉”华为却选择放弃，这也让多年以来被华为甩在身后的Z通讯公司有了可乘之机和喘息的机会，UT斯达康也乘势崛起。2002年，Z通讯公司小灵通产品实现销售额40亿元，到了2003年销售额更是飙升到80亿元，由此Z通讯公司和华为的差距越来越小。而后来者UT斯达康2003年的营业收入几乎和华为持平。由于在中国小灵通市场的缺席，华为的业绩在2002年遭遇到公司成立以来的第一次下滑。

面对这样的压力，当时许多华为高层都建议上马小灵通项目，大家认为凭借华为的狼性营销模式，华为在小灵通领域杀出一条血路也不是没有可能，但是最终都被任正非否决了。任正非认为小灵通不过是中国市场的一个“机会产品”，这与任正非追求长期持续发展的战略思路不相吻合，当时的华为已经将战略重点开始往国际市场布局，很显然小灵通这个产品和技术并不符合华为公司的战略诉求。

2002年，任正非也曾在一次内部讲话中提到了这个想法：“有压力的、有歧变的、由政策行为导致的需求，就不是真正的需求，我们一定要区分真正的需求和机会主义的需求。”

小灵通这一诞生在中国特殊政策市场环境下的机会产品如今已基本退出历史舞台，昔日的明星企业UT斯达康也已经日落西山，如今Z通讯公司的业绩也只有华为的五分之一。所以从目前的结果来看，小灵通“养肥”了Z通讯公司和UT斯达康。但是，Z通讯公司和UT斯达康并没有真正把握小灵通这块“蛋糕”所带来的机会。由于过分依赖小灵通这款机会产品，导致它们在其他技术和产品的投入不足，这为它们的长期发展埋下了巨大隐患。华为缺席小灵通这段历史也告诉我们，在眼前利益和长远利益面前，如何选择是最考验企业家智慧和眼光的。

2.3　创新聚焦：持续战略投入，投资未来

华为是一家特别注重研发的企业，在面向未来的基础研究和创新上持续加大投入。目前华为公司有19万名员工，其中研发人员近9万人，约占公司总人数的47%。2018年，华为在研发方面的投入为1 015亿元，约占华为全年收入的15%。值得一提的是，华为2017年的研发投入已经超过苹果公司（苹果公司2017年的研发投入为720亿元，仅占其营业收入的不到5%），位列全球第六名。而按国家知识产权局的数据统计，仅在2015年一年华为向苹果许可专利769件，而苹果向华为许可专利98件，这意味着华为已经开始向苹果收取专利费。

近10年来华为累计投入的研发费用接近5 000亿元，其中华为在5G领域的研发投入可以说不遗余力，从2009—2017年，华为已经投入了6亿美元进行5G研究，而在2018年华为更是拨出8亿美元用于5G的研发。

这么高的研发投入不仅在中国企业界乃至全世界企业界都是凤毛麟角。华为曾经在1998年的《华为公司基本法》中明确写道，华为公司保证每年按销售额的10%来拨付研发经费，如果有必要且可能时还将加大拨付的比例。

正是由于华为在研发领域的持续高投入才换回了华为产品在市场的话语权和竞争力，也构筑了华为产品抵抗竞争对手的厚度与宽度。比如华为的手机这几年很火，在全球高端手机领域已经仅次于苹果与三星，华为手机的拍照功能和快速充电功能让用户非常满意，这些功能的背后是华为在拍照算法和电池领域的持续投入与技术突破。

当然华为在进行战略投入的时候通常会选择进入一个大的市场，华为过去的成功说明，只有大市场才能孵化大企业。所以华为选择的战略机会点要

足够大，这个战略机会点最好是个海量的市场。比如5G、无线、大数据、云计算等，它们是动辄几千亿美元，甚至上万亿美元的一个市场，这是华为很在乎的，其实也是值得各个行业去借鉴的。

当选准战略机会点之后，华为就会大军压上，通常以超过主要竞争对手的强度资源配置，要么不做，要做就极大地集中人力、物力和财力，实现重点突破。

2.4 投资聚焦：收缩边缘化产品

任正非指出，投资方向一定要聚焦主航道，收缩边缘化产品，梳理乱投资行为。而对于公司曾经的投资分散情况，任正非称有自己的一份责任："我检讨，过去的事我承担责任。"

对于无人驾驶，任正非表示："无人驾驶我们不可能称霸世界，称霸世界一定要掌握数据，我们没有优势，我觉得聚焦在车联网上，可能还可以称霸。车联网技术要开发，利用车联网实现无人驾驶是其他公司的事情。能源我们要往小功率做，往手机里做，往模块里做，来实现赶超。"

华为聚焦在主航道，收购是为了弥补管道竞争力建设上的不足，而不是为多元化经营。华为的投资战略就是要快打慢，聚集在一个点上实际就是快打慢，所以会产生好的结果。

华为的投资聚焦还有一个最大体现就是：不上市，远离资本诱惑。

2018年，资本寒冬席卷了整个市场，虽然这个词儿并不新鲜了，但是这一年的资本市场也是蛮热闹的。集中上市，是2018年中国公司的一个关键词。上市的公司中，有行业老将，有创业新贵，也有巨头新宠。这33家跑着上市的公司中，91%经历了破发，超过一半上市当天破发。至今，相比上市首日，33家中79%的公司市值下跌，其中18%的公司市值几近腰斩，最大跌幅超过70%。

那些最风光的上市新锐，往往都是带血上市，持续亏损的情况。以华尔街为代表的金融资本是当今世界实体经济的屠夫，它们快速孵化了一批新兴互联网企业和科技企业，又快速宰杀了它们。当资本尝到甜头之后，它们会迅速撤离和带着胜利大逃亡，这是资本的盛宴和胜利，最终留给企业的则是一地鸡毛和一片狼藉，甚至许多企业也从此消亡。

华为从1987年成立至今，有过许多次与资本“联姻”的机会，但是任正非都选择了回避。华为2018年的营业收入超过7 000亿元，位列世界500强第72位。世界500强大部分都是上市企业，也大都是股市中呼风唤雨的明星企业。但是华为却是极少数世界500强中没有上市的企业之一。为什么呢？许多企业家和企业高管都非常疑惑。

对于华为不上市，任正非有过多次解释。

早在2014年，华为创始人任正非首次面对国内媒体接受采访。对于外界关注的资本问题，任正非一再强调，华为不片面追求企业规模，华为的发展不缺资金，因此不会进入资本市场，绝对不上市。“股东总是很贪婪，他们希望尽可能快地榨干一家公司的每一滴利润，而拥有这家公司的人则不会那么贪婪。我们之所以能超越同业竞争对手，原因之一就是没有上市。如果大量资本进入华为，就会多元化，就会摧毁华为二十多年来还没有全理顺的管理。”任正非还说：“华为上市会造富一大批公司员工，这可能会让我们越来越怠惰，失去奋斗者的本质色彩。”

任正非于2016年接受新华社采访时也讲道：“因为我们把利益看得不重，就是为理想和目标而奋斗。守住‘上甘岭’是很难的，还有好多牺牲。如果上市，‘股东们’看着股市那儿可赚几十亿元、几百亿元，逼我们横向发展，我们就攻不进‘无人区’了。”

2019年3月在深圳举办的IT领袖峰会上，华为消费者业务首席执行官余承东在谈及华为为何不上市时也表示，华为不上市的一个很重要的原因就是要“投资未来”，上市会导致未来财报重视短期利润，而华为是要将赚取的利润投入到基础研究和远期技术上。余承东还提及：就拿5G技术来说，华为早在12年前就对5G这门技术开始了研发，不然大家怎么会看到华为今天在5G领域里所取得的成就呢？如果说华为公司上市了，那么上市公司往往要追求财报的好看，也就会牺牲长期精神，那么这对于一家靠技术研发来讲的科技公司肯定是不好的。

企业资本是把双刃剑，不管是中国的还是西方的许多公司，上市前生机勃勃，上市后没过几年就会濒临破产和倒闭。许多公司上市之后暴富起来的创始人和高管往往不愿意继续辛苦做实业，要不把股份变现走人，要不就开始享受人生，不思进取。当一家企业高管天天关注的不是客户的需求而是股票的涨跌的话，这家企业就离破产和灭亡不远了。华为之所以能够存活超过32年，其中很重要的因素就是华为能够远离资本的诱惑与控制。

2.5 组织聚焦：厚积薄发，不断实现战略突破

从院士的布鞋、芭蕾之脚，再到上帝的脚步声，3年来华为广告连续呈现“脚步”情节，其背后正是华为的价值观和方法论：做事从扎实的基础起步，厚积薄发，长期聚焦管道创新，最终进行战略突破。

2.5.1 聚焦战略机会点：扑上去，撕开它

对于战略突破我们可以这么理解：坚持战略聚焦，持续战略投入，就是为了实现战略突破。然而，厚积不一定能有薄发。很多伟大的突破是带有偶然性的，并非按预定计划发生。为此，华为坚持瞄准目标，坚持开放包容，吸纳不同领域的大量人才，这样带来了思想的碰撞及互相启发，从而在各个领域里捕获更多突破的机会。

任正非深知，突破要有战略定力和耐性。他坦言，有时候，10年、20年没有突破，甚至一生也没有突破，一生都是世界“备胎”。所以，他表示，华为不上市，不愿意被资本市场牵着鼻子走，这样华为可以着眼未来五至十

年的战略构建，不会只考虑现阶段。

对于战略机会点，任正非直指要："聚集力量，密集投资，饱和攻击。扑上去，撕开它。"除此之外，华为轮值首席执行官郭平曾经在新年致辞中说：在这个复杂多变的时代，把握住正确的方向最重要。找到正确的方向后，还要几十年如一日地坚持正确方向，坚持自我批判、不断纠偏，才能厚积薄发。在主航道上创新是非常难的，要耐得住寂寞。

华为人用创业以来的历史证明了这一点。任正非感慨华为耐住了32年的寂寞。他表示，32年来，十几万人瞄准的是同一个城墙口，持续冲锋。

2.5.2　好的战略离不开高效执行

选准战略机会点固然重要，但是后续在公司内部达成共识和战略有效执行就显得更加重要。中国现在的企业高管们，对行业、对业务的理解都是非常深刻的，发现战略机会点已经没有什么困难，难的是战略机会点最后怎么落地成销售额和利润。

在华为首先是要让战略目标在高层内部达成共识，这个特别重要。如果没有共识，那么战略基本没有实现的可能性。在华为，大家在讨论战略目标的时候可以拍桌子，可以发表不同意见，但是一旦最终达成共识，出了门所有人就必须严格执行。

仅仅高层达成共识还不行，还必须要让高层管理团队和中层管理团队基于战略规划、战略目标达成共识。

达成共识之后，如何让这个战略得以落地，还要有一套行之有效的战略运营流程体系和强有力的团队执行能力。

为了更好地制定战略、理解战略和执行战略，华为2006年引入了IBM的业务领先模型。如今，经过了十多年的打磨和内化，这套模型逐步完善，现在已成为公司中高层用于战略制定和执行链接的一套方法跟平台。

有了共识，有了很好的管理体系，最后还需要超强的团队执行能力。这方面华为一直做得非常好，华为的狼性文化在战略的执行方面起到了很重要的作用。任正非曾在许多场合说过，企业发展就是发展一批“狼”。狼有三大特性：一是敏锐的嗅觉；二是不屈不挠、奋不顾身的进攻精神；三是群体奋斗的意识。

有了战略，在经营模式方面，华为通过研发的高投入获得产品技术和性能价格比的领先优势，通过大规模的席卷式的市场营销，在最短的时间里形成正反馈的良性循环，充分获取“机会窗”的超额利润。不断优化成熟产品，驾驭市场上的价格竞争，扩大和巩固在战略市场上的主导地位。

2.5.3 坚持合规经营

2018年中美贸易之战让华为的友商Z通讯公司很受伤，美国政府因为Z通讯公司违反其禁令而对Z通讯公司进行了禁售令和高达10亿美元的巨额罚款。禁售令几乎要了Z通讯公司的命，也基本让这家企业处于崩溃边缘。以至于后来Z通讯公司在公告中称，Z通讯公司吸取过去在出口管制合规方面的教训，高度重视出口管制合规工作，把合规视为公司战略的基石和经营的前提及底线。

Z通讯公司这一事件也让“合规”这两个字进入公众的视野，同时也成为企业界热议的话题。企业战略是选择做对的事情，那么什么是对的事情？本质上就是要学会不做什么。为了让企业可以持续健康成长，坚持合规经营就变得特别重要。

国内著名管理学家陈春花教授认为：一个企业要活得长久，在战略上稳健是最好的速度。在战略上有两个前提要特别重视，分别是财务保守和法律保守。为什么要在财务和法律方面保守？因为这是保证企业能够一直活下去的根本原因。很多时候一些企业经营出现危机不是因为没有机会，很可能就是因为在法律和财务方面冒进，在战略上这是致命的打击。

华为能够存活32年，很重要的一点是因为华为坚持合规经营。恪守商业道德、遵守国际公约和各国相关法律法规，是华为全球化合规运营的基石，也是华为管理层一直秉持的核心理念。2017年，任正非在子公司监督型董事会年中工作会议上的讲话中提出："公司走到今天这么规范，这几年子公司监督型董事会的贡献很大。面对未来公司业务快速增长，我们要改进考核方法。在内、外合规的条件下多产粮食就是最好的结果。"从讲话中我们可以看到华为对于内、外合规给予了高度重视与执行。

在对外合规方面，华为持续优化区域合规监管体系，使海外各子公司在面对全球政治、经济、商业环境等诸多复杂因素的情况下，顺利达成合规管理目标；同时，通过海外子公司基本制度的建设，夯实子公司法人维度合规管理基石。

在对内合规方面，在公司最高管理层的倡导和监督下，华为持续开展合规文化的建设，通过设立专门的合规和监管组织加强对全球业务运作执行的管理与监督，通过培训、宣传、考核、问责等方式不断强化员工的法律意识与合规意识。

华为坚持诚信经营，对贿赂和腐败行为持"零容忍"的态度，持续强化反腐败和反商业贿赂管理体系建设。华为要求所有华为员工或代表华为从事商业行为的第三方遵守所在国法律法规、客户反腐败和反商业贿赂要求，要求所有员工学习、签署并遵从《华为员工商业行为准则》。同时华为向合作伙伴传递反商业贿赂相关要求，要求合作伙伴学习和签署诚信廉洁协议。华为提供投诉渠道，鼓励知情举报违规行为。

第3章 华为发展的不竭动力：创新

“唯创新者进，唯创新者强，唯创新者胜。”那么到底什么才是创新？著名管理大师彼得·德鲁克曾经说过：“创新的成功与否不在于是否新颖、巧妙抑或具有科学内涵，而在于能否赢得市场并为客户创造出新的价值。”华为通过七大理念的创新，让创新落地，让自己成为行业的领导者。

3.1 创新必须以提升企业核心竞争力为重心

任何一个企业，必须想清楚：企业的核心竞争力究竟在哪里？如何构建企业的核心竞争力？华为一直致力于核心竞争力的提升，持续基于战略投入。作为一家生产移动通信设备的高科技企业，华为深知通信产品的战略制高点是芯片，没有芯片就没有话语权。下面我们通过华为海思芯片的案例来看华为如何构建自己的核心竞争力。

说起华为芯片，就不得不提到华为海思的掌门人何庭波，相信有不少人听说过这位女中豪杰的名字，她已经在通信行业摸爬滚打20年之久。都说时势造英雄，这位女中豪杰也不例外。正是这一位女工程师，填补了华为芯片技术的空白，终结了华为的“无芯时代”。

2019年5月17日，何庭波给所有海思人的一封信刷屏网络，这封信也让她成为国人心目中新的英雄，信中提到：“多年前，还是云淡风轻的季节，公司做出了极限生存的假设，预计有一天，所有美国的先进芯片和技术将不可获得，而华为仍将持续为客户服务。为了这个以为永远不会发生的假设，数千海思儿女，走上了科技史上最为悲壮的长征，为公司的生存打造‘备胎’。”

2018年，美国政府对Z通讯公司的制裁让我们知道了芯片对于通信制造企业的重要性。芯片（ASIC）具有高集成度、高稳定性的特点。芯片是高科技中的高科技。华为从C&C08开放开始，就意识到芯片的重要性。所以，芯片研究起步很早，当时芯片研究由中研基础部负责。现在大家熟知的海思半导体成立于2004年10月，前身是创建于1991年的华为集成电路设计中心。

早在1996年开始，华为公司展厅里就专门有展柜展示华为设计的芯片。有重要客户来公司访问，还会邀请客户参观ASIC实验室。那时的ASIC实验室还很小，只有几个工程师。何庭波刚到公司不久，就成为主要的讲解人之一。

如今的华为手机已成为全球第二大手机品牌，而其中超过半数的手机芯片来自华为海思。如今，华为海思研发的手机芯片在技术上已与手机芯片老大高通相当。据悉，海思准备在2019年年末至2020年年初推出集成5G芯片的5G智能手机，而高通也将在此期间推出集成5G芯片的5G智能手机。届时，华为和高通都将成为5G智能手机的主流解决方案商。

回顾2014年中国商用4G仅有高通和Marvell的4G芯片，华为海思的4G芯片到同年下半年才推出，可见海思在手机芯片方面已实现对高通的赶超。

其实华为海思的强大不仅体现在手机芯片行业，它在电视芯片、监控芯片等行业表现更为出色。到目前为止，华为海思占中国电视芯片市场的份额超过五成，在全球监控芯片市场占有的份额达到90%，甚至于芯片行业实力最强的美国也有六成的监控摄像头采用了华为海思的芯片。

正是受益于华为海思在多个行业取得突破，据芯片行业知名市调机构

IC insights公布的2019年第一季度的数据指标，华为已成为全球前十五大半导体企业，营业收入同比增长41%，增速在前十五大半导体企业中高居第一，排名则由去年的第25位一举跃升至第14位。另一家市调机构DIGITIMES Research给出的2018年数据指出，华为海思为全球前十大芯片设计企业第五名，增速同样居于第一名，按照这样的增速可望在2020年成为第四大芯片设计企业。

有自家海思麒麟芯片的供应，即使有美国政府的打压，华为也不惧怕。华为因为有自己研发的芯片让其有了对抗美国政府施压的资本和保障。海思的发展既让华为保证了自身的利润，同时也掌握了核心技术，避免了自己的“生命线”受制于他人的危险。

3.2　创新必须以商业成功为导向

华为作为一家高科技企业，从创业开始就始终坚持以市场的商业成功为导向，一切投资、管理的改进都紧紧围绕产品的市场商业成功，尤其摒弃的是脱离商业成功导向的、唯技术的创新。这种盲目的创新，对于没有资金来源的公司来说，无异于自杀。

下面，我们结合华为的几次创新事件，来具体谈谈华为是如何以商业成功为导向进行创新的。

3.2.1　挺进农村市场

华为成立于1987年，最初成立的时候靠代理香港鸿年公司的交换机起家。在代理的过程中因为受制于人，从而走上了自主研发的道路，持续经历了5年的磨砺，华为开发的第一代通信设备终于得以进入中国农村市场。

1993年，华为成功开发出C&C08，第一代产品是A型机，只有2 000门，也就是最多只能带2 000个用户，这决定了它的应用场景：农村。随着C&C08的第一个试验局在浙江义乌佛堂镇开局，华为的发展进入了快车道。虽然网络层次很低，但客户对华为的发展非常认可，给予高度肯定。后来为了进攻城市市场，华为开发了C&C08 B型机和C型机。

3.2.2　依靠商业网，挺进城市

华为开发了适用于市场的C&C08 B型机和C型机，华为就能进城了吗？摆在华为面前的首先是客户的质疑。华为的产品稳定吗？通信产品是全程全网，这意味着什么？那就是任何一点问题，都可能影响全球客户。哪个客户都不想因为自己的决策，带来全网风险，进而影响到自己的前程。你的竞争对手也会想尽一切办法阻止你进入市场，你进入就意味着多一个分羹者。

20世纪90年代末，中国企业发展如雨后春笋，企业的发展带来了通信需求的蓬勃发展。可是，向中国电信申请装电话，很贵！于是小总机的需求很火爆。但这不是中国电信所期望的，它要管制。就是在这样的商业环境中，华为找到了商机。华为是做小总机起家的，那何不让C&C08局用交换机具有小总机的功能？说干就干，其实，就是在原来的局用交换机上，让一部分用户可以拨短号，拨短号不收费，另外设定一个话务员，可以转接电话。

后来，华为给这个业务取了个名字：商业网，就是为商业用户提供服务的网络。这样，既解决了中国电信对小总机的管控要求，又满足了企业用户对方便使用、成本控制的诉求。华为也因此进了城。

3.2.3　依靠201校园卡，挺进大城市

华为依靠商业网进了城，怎么进大城市呢？2000年左右，中国已经有了预付费，当时叫200业务。这个业务是面向大众的，发展并不快。华为决定把这项业务引入学校。与天津电信一沟通，双方一拍即合。华为在原有交换机的基础上，利用智能网的技术，很快开发出面向校园的预付费业务，取名201校园卡。201校园卡业务的推出，为中国电信赢得了用户的快速发展。想一想，学校的宿舍以千计。同时，这也解决了学生对通信的需求，他们再也不用在宿舍管理员的喊叫下到传达室接听电话了。

华为201产品的成功最受益的是华为，它的业务从此挺进了大城市，尽管这时还在大城市的边缘。总想着自己的目标是不够的，要想到客户，还要想到客户的客户。帮助客户成功，给客户的客户以方便，华为自然在商业上就成功了。

3.3 客户需求和技术创新双轮驱动

华为公司成立三十多年，在前二十多年的时候，强调的是基于客户需求的创新。但当华为的行业地位不断提升，已经成为通信行业老大的时候，就进入了“无人区”。这个时候就必须有对未来的洞见，对未来的正确假设。所以最近几年，华为改成双轮驱动。既强调基于客户需求的创新，同时也强调基于技术进步的创新，这就是双轮驱动。

华为要从工程师创新走向科学家与工程师一同创新。2011年，任正非在内部的一次讲话中提出：“我们不仅要以客户为中心，研究合适的产品与服务，而且要面对未来的技术方向加大投入，对平台核心加强投入，一定要占领战略的制高地。要不惜在芯片、平台软件等方面冒较大的风险。在最核心的方面，更要不惜代价，不怕牺牲。我们要从电子技术人才的引进，走向引进一部分基础理论的人才，要有耐心培育他们成熟。也要理解、珍惜一些我们常人难以理解的奇才。总之我们要从技术进步，逐步走向理论突破。”

“现在我们是两个轮子在创新，一个是科学家的创新，他们关注技术，愿意怎么想就怎么想，但是他们不能左右应用。技术是否要投入使用，什么时候投入使用，我们要靠另一个轮子——市场营销。市场营销不断地在听客户的声音，包括今天的需求、明天的需求、未来战略的需求，才能确定我们掌握的技术该怎么用，以及投入市场的准确时间。”任正非在2015年的变革战略预备队第三期誓师典礼上的讲话中说。

3.4　开放合作，一杯咖啡吸收宇宙能量

什么是“一杯咖啡吸收宇宙能量”？任正非在2017年12月，在喀麦隆代表处的讲话中专门做过解释。他说:“一杯咖啡吸收宇宙能量，并不是咖啡因有什么神奇作用，而是利用西方的一些习惯，表述开放、沟通与交流。”

3.4.1　为我所知：高校合作全球开花

华为历来很重视与高校的合作。华为最早与高校的合作是从中国科技大学开始的，时间可以追溯到二十多年前，我们来看一下华为与中国科技大学的合作历程。

1997年，华为与中国科技大学联合创办科大华为信息技术研究所。研究所由华为公司提供项目合作经费和日常运行所需费用，中国科技大学提供人才、技术和后勤支持。

1997年，华为首次在中国科技大学设立奖学金，以后每年颁一次奖。

1999年，在中国科技大学举办“华为杯”学生科技创新活动，包括科技设计制作竞赛、科技论文竞赛和软件设计竞赛等三项竞赛。每年举办一期。

所有的合作，除了为华为提供创新概念，人才输送也成为中国科技大学对华为的重大贡献。中国科技大学2016届毕业生中，加入华为的博士生为28人，硕士生为87人，本科生为6人。华为成为吸纳中国科技大学当年毕业生人数最多的单位。

随着华为的全球化进程，华为的高校合作之路也延伸到了海外。2017年10月，任正非来到加拿大，对四所高校（多伦多大学、滑铁卢大学、蒙特利尔大学、蒙特利尔综合理工大学）进行了访问。他在与校长的座谈会上，将华为30年的成功经验进行了很好的总结，那就是：一杯咖啡吸收宇宙能量，一桶糨糊连接世界智慧。

任正非说:“基础研究是把钱变成知识。我们和高校的合作，就是通过资助获得、知晓知识。因为学院的科学家是为理想而奋斗的……常超越在我们

之前产生知识……学院科学家和教授们研究的是未来，很遥远，处在引领时代前列，点亮着我们前进的航灯。"

对待失败，任正非也特意提到："还有一种情况，我们出了很多钱，教授没有成功……你只要把失败的这个路径告诉我们，把失败的人给我们，这些失败的人甚至比成功的人还要宝贵。"

谈起与加拿大蒙特利尔综合理工大学的合作，任正非说道："蒙特利尔综合理工大学是我们的雷达……如果头上不装个雷达，说不定就走错路了。我们这么大体量的公司一旦走错路，就很难回得来。世界上的很多大公司就是因为战略方向错了几年，然后就回不来了。"

截至2017年，华为已经与全球的200多个大学建立了科技技术研究合作。

3.4.2 为我所用：联合创新结硕果

说起联合创新就有必要提一下关于华为手机联合创新的故事。

2000年11月，夏普在日本发布第一支拍照手机。十几年过去了，手机拍照已经成为大众的一种生活方式。每天数以亿计的照片上传至社交网络，而其中绝大部分的照片来自手机。手机的拍照机构，就是一部缩小版的数码相机。随着数码影像处理技术的飞速发展，手机的数字信号处理能力大大提高，所以手机拍照的影像品质也得到了飞快的提升，逐渐取代了常见的便携数码相机的地位，直逼专业的单反和微单相机。因此，手机拍照的品质和体验，就成了手机行业最重要的竞争阵地。

华为手机2011年开始发力，经过3年的磨砺，终于打磨出了一颗"明珠"，那就是P7。2014年5月7日，华为P7在巴黎首发。截至当年12月31日，销售453万台，创造了历史性纪录。华为手机如何延续辉煌？如何在手机拍照领域脱颖而出？经过一番思考，华为决定去和这个产业中最顶尖的公司沟通一下，它的名字叫Leica（徕卡）。

在摄影爱好者心目中，徕卡是一个传奇。从1914年，奥斯卡·巴纳克手工制造出第一台用35mm电影胶片的徕卡原型机Ur-Leica起，一百多年来，徕卡相机一直保持着卓越的品质。有无数摄影师用徕卡相机留下了宝贵的瞬间，从罗伯特·卡帕的“士兵之死”到时代广场的“胜利之吻”，从周恩来总理半身坐像到拳王阿里的出拳照片，徕卡相机始终忠实地记录着历史。

经过百年的发展，徕卡形成了其独特的产品文化。徕卡相机从不会让使用者失望，徕卡已成为奢侈品的代名词。使用徕卡相机是追求一种品位，一种文化。乔布斯在iPhone 4的发布会上曾经这样说:“毫无疑问，（iPhone 4）是我们做过的最精密和最漂亮的产品，它就像一台漂亮的老式徕卡相机。”

2014年的夏天，正是徕卡的百年纪念，华为专家来到了刚落成的徕卡总部。从空中看，徕卡总部像一个“8”和“0”的组合，象征着徕卡的两个主要业务：望远镜和照相机。第一次见面，双方介绍了各自公司的情况。徕卡长达百年的专注、聚焦、追求极致的企业文化，和华为的DNA何其相似？！如果华为和徕卡在手机拍照技术上能够深入合作，将产生什么样的化学反应?

徕卡每年的销售都在平稳增长，利润也优厚，但面对越来越多的照片图像来自智能手机，徕卡也有种无形的压力。所以，徕卡在寻找，华为在敲门。双方高层抱着真诚合作的态度，跨过各自熟悉的领域，去理解并尊重对方的价值，经过几轮的深入沟通和评估，终于成功牵手。

如何提高手机的拍照效果，华为与徕卡最终采用了双镜头的方案。彩色镜头得到的照片色彩饱和，黑白镜头得到的照片层次丰富。双镜头把两者的优势很好地结合在了一起。当然，这需要算法处理，两幅照片在用户不能感知的时间内，合成了一幅图像。

2016年4月6日，华为P9/P9 Plus在伦敦时尚中心巴特西公园Battersea Evolution首发。来自全球的数百家媒体的超过1 500名记者见证了华为和徕卡联合研发的双摄像头拍照系统。发布会上，还邀请了4位国际顶级摄影师，向观众展示他们用P9拍摄的照片，并分享了使用P9拍照的心得。华为和徕卡联合研发的双摄像头拍照系统实现了科技与艺术的完美结合，引领了新的摄影潮流，斩获了手机领域的诸多奖项。

2017年9月23日，华为与徕卡宣布了更进一步的战略合作计划，双方将设立麦克斯·别雷克（Max Berek）创新实验室进行联合研发。该创新实验室将在新光学系统、计算成像、虚拟现实（VR）和增强现实（AR）领域开展联合研发。华为与徕卡的两双大手握得更紧了。

3.4.3 为我所有：吸收顶级人才促发展

2010年年底，华为打算改变手机业务的商业模式，由原来的销售给中国移动这样的大客户再由中国移动通过套餐把手机提供给消费者，转变为直接面向广大消费者。这对华为来说是一个巨大的挑战。

华为的主要业务是提供系统设备，而客户对系统设备和手机的要求有天大的差别。试想一下，系统设备的设计难看一点儿并不关键，从来没有哪次招标对设备美观提出明确要求。有一些故障问题也不大，华为有一双勤快的脚，所谓勤能补拙。现在做手机业务了，要面向消费者，如果设计得难看，消费者可能都不会多看一眼。如果时不时再出点儿故障，市面上1%的华为手机都是故障机，那会是一种什么情景？

所以，当华为决定做自己的品牌，要重新定位，要面向消费者直接销售手机时，两大挑战摆在华为人面前。一是产品品质，二是产品设计。这两方面想通过短期的努力是很难提升的。怎么办？

华为的办法就是：把德国的质量管理团队请过来，把苹果的设计总监请过来，华为把质量、设计交给你们了。这就是“为我所有”。

3.4.4 为我所知，为我所用，为我所有

实际上，华为的目标是实现3~5年后的战略，为此而准备相应的能力。这个能力的建设应该更开放。在基础理论能力上，做到为我所知、为我所用就可以了；在基础技术能力（产品、解决方案及服务技术能力）上，侧重为我所用；在关键控制点上，一定要为我所有。正所谓战略控制。

关键控制点决定核心竞争力，可以靠自己，也可以外部寻源。2002年，

光传送部门了解到一家叫Optimight的公司计划出售，而这家公司有华为想要的长途波分核心技术。于是该部门向公司提出了申请，希望能收购这家公司。当时处于IT的冬天，华为在流动资金非常有限、高层集体降薪的情况下，仍然批准了这一申请。这个有勇气和智慧的决策在后来被认为是“传送史上最划算的一笔收购”。

经过技术转移和二次开发，华为成功推出了能够支持超长距离的长途波分解决方案，助力华为快速成长为全球长途传输市场的领先者。

3.5 站在前人的肩膀上，在继承的基础上创新

任正非2015年在与法务部、董秘及无线员工座谈会上的讲话中指出：“我们的使命是为人类的繁荣创造价值，为价值而创新。创新一定要为这个目的，不能为了创新而创新。首先自主创新的提法本身有片面性，我们要站在巨人的肩膀上前进。如果我们从地上自己一点点爬起来，当爬到巨人的肩膀上时，已经过了3 000年。”

3.5.1 15年前异常火爆的彩铃业务

不知大家可曾有印象，早在2003年前，打电话在等待对方接通时，听到的是单调的嘟嘟声。从2003年开始，我们听到的不再是单调的嘟嘟声，而是悠扬的音乐或婉转的问候语。这就是彩铃业务。这项业务发源于韩国，仿佛把以前等待的时间由黑白变成了彩色。华为的工程商人看到：这是一个巨大的商机呀！中国电信有1亿多的用户，即使10%的用户使用这种服务，那么也能带来上亿元规模的利润增长！

但是，由于当时中国电信的交换机是“七国八制”，各种交换机的处理流程不一样，所以如何触发彩铃的播放呢？这要真正实现起来并不容易。华为的研发人员经过几个月的努力，克服重重困难，终于在2003年5月17日全球电信日，在上海开通了属于中国自己的第一个彩铃业务。当电影插曲《雪绒

花》传来的瞬间，研发团队欢呼雀跃，激动地都掉下了眼泪，那感觉就跟十月怀胎终于迎来了孩子呱呱坠地一样。

火爆的业务需求纷至沓来，华为在满足用户需求的同时，赢得了业务发展，彩铃业务市场份额达到80%。后来，这项业务快速扩展到海外。泰国的某运营商开通彩铃业务后，用户数每天增长1万，不到5个月就收回了初期投资。就这样，彩铃业务助力华为开疆扩土，立下了汗马功劳！

3.5.2 让彩铃“动”起来

随着大数据、大视频时代的到来，彩铃业务已经在不知不觉中慢慢淡出了国内人们的视线，迈入“夕阳”。如果不能跟上发展，势必将退出历史的舞台。2015年，VoLTE高清语音业务已经全面商用，不仅通话质量更高，还可以拨打视频电话，但是市场反响不大，消费者在使用上并没有太多的感知。于是视频彩铃就这样应运而生，对于用户来说，视频彩铃是新鲜的体验。拨打电话在等待接通的过程中，就可以在手机上观赏一条高清视频内容，而这条内容是对方或者自己设置的，让在接听电话前的等待变得有趣。

在2016年7月的世界移动通信大会上海站，华为的视频彩铃一亮相展会，立刻成为焦点。展台前不少观众都充满了兴趣，纷纷驻足观看演示和拿起手机体验。

3.5.3 让彩铃再次“火”起来

虽然视频彩铃成功了，但是只能在视频电话场景下应用，当前音频呼叫电话还是主流，实现音频起呼播放视频彩铃的技术方案迫在眉睫。说起来容易，实施起来并不容易。项目团队在解决了一个个难题——无法播放、有声音无图像、声音和图像不同步的问题后，终于实现了音频呼叫播放视频彩铃业务。没有夕阳产业，只有夕阳思维！华为在不断引导客户需求、实现客户需求的过程中，持续创新，发展壮大。

3.6　鼓励创新，宽容失败

为了更好地鼓励创新和营造创新的氛围，任正非在2000年专门写过一篇文章《创新是华为发展的不竭动力》。文章中提到："华为自始至终以实现客户的价值观为经营管理的理念，围绕这个中心，为提升企业核心竞争力，进行不懈的技术创新与管理创新"。"不创新才是最大的风险。"在华为的实践中，一直在营造创新的氛围。为实现产品的局部突破，超越竞争对手，华为例行举办创新大赛，鼓励员工创新。

3.6.1　创新大赛与创新基金

"创新大赛"是什么？每年6月到8月，华为产品线会聚焦作战领域，组织全员创新大赛。只要你的点子具有商业价值、创新性、技术可行性，就有机会登上决赛舞台，获得产品线的创新投资，在项目中落地孵化。

创新大赛的历程如下。

点子海选：参赛选手提交创意，员工网上海选。某产品线举办创新大赛，2014年，参赛人数四百多；2015年、2016年，参赛人数两千多；2017年，参与的创新点子个数直线飙升，达到了巅峰值——四千多个。这就是人人参与创新。

部门预审：部门领导组织六级以上的专家对部门员工提交的创新点子进行预审，一方面看看哪个点子可以获得部门的投资，从而有机会直接晋级TOP100，另一方面也给部门内所有参赛的点子一些初步建议。

专家评审：专家从TOP100创新点子中评审出TOP15。

专家辅导：创新大赛组委会为15强安排了5个导师团，每位导师团辅导3位选手。辅导会上，每人有四十分钟的讲解创新点子的时间，它的最大价值就是帮助选手提前识别缺陷，找到弥补办法。

决赛：基地大礼堂，200多个座位座无虚席，产品线总裁、研发部长、各领域的顶级专家组成嘉宾和评委团，15强选手在短短的四分钟时间内，从业务痛点、关键技术、商业价值三个方面阐述自己的方案，将创新点子"卖"

给评委和各位大佬。台下多是各选手部门的“亲友”团，他们来为选手加油打气。所有选手展示讲解完以后，评委讨论、打分、计分。接下来，揭晓本届大赛的银奖获得者、金奖获得者以及重大贡献奖。产品线总裁亲自揭晓创新大赛的金奖获得者！

华为非常重视创新，早在2009年，华为就专门制定创新基金管理办法，为创新点子提供资金，支持技术创新成果转化。在此基础上，各大部门、各大体系专门设立创新基金，可以特定用于某专项研究（如降成本），也可以不特定。华为软件公司2011年设立民间创新基金。员工有创新点子，可以向创新基金提出申请。由于事先已经完成基金审批，所以立项审批手续简单，创新所需物料申购也很快捷。

3.6.2 重视创新，但反对盲目创新

华为重视创新，但反对盲目创新。创新不是形式主义，创新也不能是花拳绣腿，创新是为了更好地满足客户需求。为了反对“盲目创新”，2000年年底，华为专门组织了一次“呆死料大会”。这次“呆死料大会”是华为发展历史中非常重要的一次关键事件。任正非和孙亚芳等高层领导通过一个“隆重”的仪式，把由于工作不认真、测试不严格、盲目创新造成的大量废料，以及研发、工程技术人员因此而前往现场“救火”的往返机票包装成特殊的奖品，颁发给了相关产品的负责人，并且请这些部门领导发表“获奖感言”，借此来激发他们对质量不合格的强烈羞耻感。看看那些发给“盲目创新”者的奖品：×××操作手册、×××维护手册、×××网管系统，×××路由器、×××通信终端、×××终端适配器、×××解决×××的出差机票，以及五花八门的结构件。这些都是盲目创新、幼稚创新造成的。

以下为任正非出席“呆死料大会”时的部分讲话内容，我们从中可以看到任正非和华为管理层对于盲目创新的反对：

“今天研发系统召开几千人大会，将这些年由于工作不认真、物料清单填写不清、测试不严格、盲目创新造成的大量废料作为奖品发给研发系统的几百

名骨干，让他们记牢。之所以搞得这么隆重，是为了使大家刻骨铭心，一代一代传下去。为造就下一代的领导人，进行一次很好的洗礼。我今天心里很高兴，对未来的交接班充满了信心……”

3.6.3 创新要宽容失败，给创新以空间

任正非曾经讲过，企业要宽容失败才会有真正的创新。早在2001年任正非在内部的一次讲话《分层授权，大胆创新，快速响应客户需求》中就明确提出：“要使创新勇于冒险，就要提倡功过相抵，给创新以空间。允许有风险，允许创新。科研不可能都是成功的，应有一定的冒险。科研追求的应是投资有效性，但如果有一天研发上报的科研项目100%都成功了，100%的投资都发生作用了，那就是错误的。为什么？因为不冒险就是最大的资源浪费：浪费了人力、物力与时间。100%做成功就意味着一点儿险都没有冒，而没有冒险就意味着没有创新，所以创新就一定要勇于冒险，允许风险就是允许创新。”

华为给予科学家以空间，让他们可以去研究思想，探索未来。任正非希望有更多的科学家成长起来，贡献先进的理论，让华为的黑土地更肥沃，做出先进的产品，进而服务人类社会。“宽容创新、宽容失败”，在任正非看来，科学研究没有浪费就不可能有成功。

如今的华为手机成为国人心目中最受欢迎的品牌，但是又有多少人知道从2011年开始华为早期设计的产品经历了多少次失败呢？

2013年前后，华为推出的几款中高端手机，从P1、P2到D1、D2，基本上都失败了，只卖出几十万部，甚至连华为都不想卖了。在国产手机中，华为第一个站出来探索，朝“精品战略”迈进，摔了几次跟头，也被看衰过，被讥讽过。但正是这些失败教训让华为手机研发部门积累了宝贵的经验，华为手机产品也越来越懂客户需求，从华为Mate7后，华为在中高端市场逐渐站稳脚跟。今天，P系列和Mate系列，成为华为的双旗舰，赢得了消费者的认同。

华为“允许犯错”，要辩证地看待。一方面，华为对未来的不确定性，不仅允许犯错，而且允许多路径、多层次、多梯队去阐释。但另一方面，华

为对确定性产品的开发，要讲求效率，不允许犯低级错误。

3.7 创新理念升级：从1到*N*迈向从0到1

2019年以来华为不仅成为舆论关注的焦点，同时也成为全球自主创新领域的标杆企业。那么华为未来的创新将秉承什么新的理念与方式呢？

就华为自身来说，任正非在2017年就提出，“华为当前的创新，还处于工程数学、物理算法的工程层面，面向未来，华为感到迷茫，处于迷航中。”

在过去三十多年，华为产品之所以领先，很大的原因在于华为能够基于客户需求进行工程和技术创新。未来的世界，技术在快速变化，客户需求也在变化，面向未来，华为原有的创新模式将面临巨大的挑战。正是基于此华为确定了最新的创新战略：从基于客户需求的技术和工程创新的1.0时代，迈向基于愿景驱动的理论突破和基础技术发明的创新2.0时代。

3.7.1 创新1.0的核心理念

创新1.0的核心理念：基于客户需求和挑战，是技术创新、工程创新，是产品与解决方案的创新，是从1到*N*的创新。核心是帮助客户和合作伙伴增强竞争力，帮助客户增加收益或者降低成本，帮助客户实现商业成功。

3.7.2 创新2.0的核心理念

创新2.0的核心理念：基于对未来数字世界的假设和愿景，打破制约ICT发展的理论和基础技术瓶颈，实现理论突破和基础技术发明的创新。创新2.0是实现从0到1的创新。

那么，什么是华为创新2.0？

创新2.0的核心是基于愿景的理论突破和基础技术的发明。理论突破和基础技术发明的不确定性非常高，这种不确定性的特质也极大地决定了华为不能是封闭的创新，需要和全社会一起分享成果，共享能力。

创新2.0的思想理念是“开放和包容发展”。华为联合全球大学和研究机构，学术界、工业界联合起来，共同推动。那么华为如何让创新2.0真正地落地呢?

华为采取“支持大学研究、自建实验室、多路径技术投资”等多种方式实现创新2.0。如今，华为已经成立了战略研究院，研究院将统筹创新2.0的落地。研究院主要负责5年以上的前沿技术的研究，通过每年将数亿美元投入大学，支持大学和科研机构开展基础科学、基础技术等的创新研究。研究院最重要的是看未来，将担负起华为在未来5~10年技术开发领域的清晰路标。华为将通过创新2.0的落地来确保华为不迷失方向，不错失机会。同时，开创颠覆主航道的技术和商业模式，确保华为主航道的可持续竞争力。

为了更好地践行创新2.0理念，未来华为将在如下几个方面进行重点投入。

（1）基础科学研究：华为将设立专项基金支持基础科学研究和人才培养，推动基础理论的突破。

（2）基础技术研究：华为有着丰富的行业应用场景，也将和大学和科研机构一起来发挥各自优势，推动基础技术的突破，并加速高校研究成果进行产业化输出。

（3）技术创新：华为也将与大学一起，针对当前工程和技术的难点，共同进行研究；双方共同推动理论突破和基础技术发明。企业界通过产品的形式，为客户创造价值，向最终消费者提供有价值的产品和服务。

3.8　建立蓝军组织、自我挑战

3.8.1　用蓝军训练红军

我们小时候都看过抗日的电影，八路军怎么练习？手拿长棍，一对一练习拼刺刀，这是八路军战士在与假想的敌人拼杀。这是训战一个战士。

怎么训练一支部队？20世纪60年代产生了一种方法。蓝军，是指在部队模拟对抗演习中，专门扮演假想敌的部队。它可以模仿世界上任何一支军队的作战特征与红军进行针对性的训练。

世界上第一支正规的蓝军部队，要数以色列的“外国空军模拟大队”。它是1966年组建的，由穆尼尔按苏军训练方式进行训练，模仿敌军的空战动作。经过与该模拟大队进行对抗训练，以色列空军的作战能力大幅度提升，在其后与伊拉克的空战中，以1：20的战损比率重创对方。

3.8.2　朱日和的蓝军

20世纪80年代，中国第一支蓝军部队在原南京军区成立。该部队运用同敌方尽可能一致的战术准则、组织结构和武器装备，力求给对手制造出最逼真的实战氛围。“蓝军”士兵总是身着外军制服，一些人甚至以刀叉代替筷子用餐，以此表示在每一个细节上都和“敌人”看齐。

朱日和军演正式曝光是在2014年，但真正让大家知晓是在2017年。有着“草原狼”之称的中国第一蓝军旅，组建6年以来，以32胜1负战绩，在实战化演练中，一度把参演“红军”虐得“想哭都哭不出来”，甚至有“红军”喊出“踏平朱日和，活捉满广志”的口号。这正说明蓝军旅存在的价值。

如果我们的训练是“你好我好大家好”，那蓝军就没有存在价值。看看蓝军旅旅长满广志怎么讲，他说：实战化对抗演习的主要目的是让“红军”暴露问题，让“红军”在实战化危局、险局、难局中得到锤炼。再来看蓝军旅政委周勋怎么说，他说：“红军”要过硬，“蓝军”必凶狠。

3.8.3　华为的蓝军从无线产品线开始

任正非是军人出身，深知对抗练习的价值。2007年，无线产品线建立华为第一支“蓝军”，专注Femto端到端解决方案。

2007年，海外3G业务已经处于探索试点阶段，中国也即将发放3G牌照。研究发现，70%的3G业务发生在室内环境，近30%的业务使用发生在家庭区域，而接近35%的业务使用发生在公司、餐馆等室内环境。因此室内无线覆盖的好坏决定了用户的业务使用感知，而如何有效改善3G网络的室内覆盖，是3G业务是否能够成功部署的关键。于是，一种应用在家庭和办公区等室内环境的新型无线通信基站——Femto，越来越多地被提及。

Femto安装非常容易，哪里信号不好就放置一个，可以快速改善信号。运营商都很看好这个产品。Femto的出现，让对CT行业垂涎欲滴的IT厂商看到了希望。一时间，超过100家企业开始做无线蜂窝基站，为了生存，这些小企业习惯性地打起了价格战，市面上的产品五花八门。毫无疑问，这导致了网络解决方案的低质低价，与高可靠性、高稳定性的诉求南辕北辙。

这种态势，如果任其发展，可能出现类似于小灵通的局面。于是，华为无线产品线高层做出了一个慎重而又有创新性的决策：在无线内部组建一支“蓝军”，专注Femto端到端解决方案。当时明确“蓝军”的目的有两个：一是模拟那些IT厂商等假想敌，不断挑战华为传统产品团队，逼着华为传统产品团队不断“强身健体”；二是依托公司深厚解决方案技术的功底，开发Femto产品，以优异的网络表现，正面对抗IT厂商。

3.8.4 从蓝军到红军

2012年，以高通、博通等芯片厂商为首的Femto阵营，迎来了一位新“带头大哥”——思科。思科提出Inside-out战略，彻底颠覆传统的宏蜂窝网络，这样可能危及华为赖以生存的空间。

经过一年多的努力，2013年，Femto团队实现从蓝军向红军的转变。开发出了颇具竞争力的室内分布式数字化蜂窝系统LampSite（小灯站）。很快，LampSite带来的网络体验，打动了中国、南太、东南亚、欧洲等客户，入驻北京首都机场、人民大会堂、法国依云皇家酒店、西班牙皇家歌剧院等场馆。

2015年3月4日，在快门的咔嚓声中，华为产品与解决方案总裁丁耘快步走上台，从全球移动通信系统协会主席手中，双手接过世界移动通信大会“最佳移动设施”奖杯。“该奖表彰华为通过Small Cell技术帮助移动运营商以资本最优的方式，提升室内移动宽带网络的覆盖、容量和质量”。

2016年5月20日，在中国上海举办的第六届机场建设发展国际峰会上，华为室内数字化智慧机场解决方案荣获“年度机场最佳移动网络奖”。该奖项旨在表彰全球ICT供应商在应用小蜂窝打造智慧机场、提升机场网络体验和运营效率所做出的成就和突出贡献。

为什么LampSite取得了巨大的商业成功？因为它解决了运营商最头疼的两个问题：容量、部署难度。在这个产品中，创新性地将IT系统中的优秀DNA引入无线蜂窝技术中，其中最为典型的应用就是，用一根普通网线解决射频远端的供电和传输的问题。

3.8.5 蓝军部队到蓝军管理体系

蓝军是一种自我批判。现在的华为，上至战略与Marketing部，专门成立了蓝军部；下至各业务单元、产品线、地区部设蓝军模块。

蓝军的主要任务是：

- 虚拟各种对抗性声音，模拟各种可能发生的信号，审视、论证“红军”战略/产品/解决方案的漏洞或问题。
- 挑战现有的选择和决策以降低商业模式探索、战略规划、技术规划和预研等方面的重大决策风险。
- 采用辩论、模拟实战、战术推演等方式，对当前的战略思维进行反向验证和批判性辩论，在技术层面寻求差异化的颠覆性技术和产品。

蓝军已经成为一种方法论。例如，某地区部供应中心为持续改进，专门邀请6名区域供应链人员，在部门ST会议上扮演蓝军角色，指出运作中的不合理现象；某制造部，四季度进行蓝军测试，测试零星领料、携物出门、维修领料、日清日结等环境，发现了生产现场操作和管理中存在的内控问题，暴露了流程或执行不到位的现象。在市场体系，针对战略目标项目，也可以成立蓝军小组，进行红蓝军对抗，帮助红军换位思考，站在未来看现在；看清对手的出牌，暴露问题并探讨解决方案。华为还专门编写了红蓝演练作战手册，指导项目演练。

第2篇

业务管理篇

第4章 业务管理指导原则：以客户为中心

华为超越竞争对手的全部秘密就是三句话：以客户为中心，以奋斗者为本，长期坚持艰苦奋斗。如今很多企业也会把“客户第一”作为价值信条写进企业核心价值观，但真正能够做到这一点的企业凤毛麟角。原因在哪里？是因为员工对于“客户第一”这句话的含义理解得不够，还是因为领导者没有身体力行？实践是检验真理的唯一标准，我们来看看华为是如何做的。

4.1 华为业务管理大纲——《华为公司基本法》

1993年，华为开始试行员工持股，这一试彻底激发了员工的工作激情，公司业务蒸蒸日上。到了1994年，凡是到华为公司考察的上级领导都说“华为的发展很快”，“华为文化很了不起”。干部员工也常把华为文化挂在嘴上。究竟什么是华为文化？是什么让华为走到了今天？这些成功要素能否持续地帮助华为成功？任正非就想要总结。

1994年，华为进行了一系列的总结和探索，打开《华为人》，你就可以发现，华为人在思考，在探索。1994年《华为人》的一篇文章《华为企业理念辨析》就提到，华为应尽快清晰化自己的企业理念，作者在文中提出五点建议。

华为的存在意义：为用户提供优势的产品和服务，为中国通信事业的发展做出贡献。

华为的资源概念：人重于一切。

华为公司的基本特征：高技术基础上的集团战术。

华为员工的行为理念：自尊、自信、自我教育、自我管理。

华为公司的经营态势：要生存必须发展，个人、企业、国家概莫例外，且相互促进、依存。

现在回过头再看，当年的华为是多么了不起。关于员工的培养，华为现在的观点：知识要员工自己去想办法解决，知识是劳动的准备过程，是员工自己的事情，是员工的投资行为。所以，华为要求员工自我负责，自我提高。这一观点，华为在二十多年前就提出来了。

另一篇文章《华为应采取什么样的人事政策》中，作者对比了IBM，对比了松下，试图寻找适合华为特点的人事政策，以更好地维持公司的生存和发展。

这是华为在探索，在总结。

1995年，深圳市宝安区政府邀请中国人民大学的几位教授到深圳，给企业家讲先进的“企业管理”理念，任正非也是应邀嘉宾之一。任正非认真地记着笔记，直到报告会结束，雷鸣般的掌声响起，任正非仍依依不舍。任正非当即做出决定，请几位教授到华为授课，帮助华为总结、提升。

华为过去10年取得了令人瞩目的成绩，它为什么会成功？教训和经验是什么？这些经验能否指导未来？华为已经形成了一套成功的机制和运作方式，但对这种机制的认识，存在于企业家的头脑中，还不能系统地为职业管理层所理解。华为必须再提升一步，形成指导华为人前进的理论，以避免陷入经验主义。

随着总结的深入，这些理论逐步朝着“华为管理大纲”的雏形发展。

吴春波1995年访问日本，专门为华为写了一篇文章——《由“鞍钢宪法”所想到的》。文中提到：“公司的成长与发展，需要纲领性的理念、政策与文化……企业要有魂，要有内在的精神寄托，要有统一的意志，要有统一的信仰，要有统一的行动。”“华为的‘宪法’中，不仅应容纳文化与理念的内容，还要包括华为的发展战略、组织形态、人力资源开发与利用、基本的管理制度、管理模式、产品与技术政策等大政方针，同时还应该有基本的业务流程、员工守则等规章与制度。”

这就是《华为公司基本法》的起点。1996年年初，任正非不再满足于总结经验，决定正式启动《华为公司基本法》的起草。

历经几千员工与各界朋友半年多的努力，在中国人民大学教授的帮助下，《华为公司基本法》第一稿完成，并在《华为人》上发表，希望能够抛砖引玉，征求大家的意见。同时，发表了专题文章《资本知识化，权力智慧化——写在〈华为公司基本法〉刊登之际》。文中提到，“资本知识化”就是以资本为载体，将知识转化成资本，通过资本的不断增值，使知识的价值也不断增值。这是“以奋斗者为本”最早的阐述。

《华为公司基本法》不仅是中国人民大学教授的作品，也是几千华为员工的心血。任正非在该基本法发布之际，专门发表了题为《要从必然王国，走向自由王国》的讲话。

《华为公司基本法》，一共六章，103条。它凝聚着华为全体员工的心血：

第一章　公司的宗旨

第二章　基本经营政策

第三章　基本组织政策

第四章　基本人力资源政策

第五章　基本控制政策

第六章　接班人与基本法修改

尽管自该基本法发布之日起，再也没有修订过，但它的精髓一直在传承。《华为公司基本法》第一条：华为的追求是在电子信息领域实现顾客的梦想，并依靠点点滴滴、锲而不舍的艰苦追求，使华为成为世界级领先企业。这就是华为最早的业务定位，只专注于电子信息领域。时间过了20年，华为现在仍然强调两个字，那就是“聚焦”。由此可见，《华为公司基本法》的意义和深远影响。

《华为公司基本法》的讨论、演进过程，实际上是对华为为什么能取得极大成功的总结和再认识的过程，这种再认识将为公司未来取得更大成功指明方向。《华为公司基本法》回答了：华为为什么如此成功，促使华为创业成功的因素能不能使华为继续获得成功，以及华为要想取得更大的成功还需要什么。

《华为公司基本法》的起草达到了“指导华为未来的管理努力和成长”的目的。

4.2　为客户服务是华为存在的唯一理由

华为把“以客户为中心”这句话作为其核心价值观之一。任正非经常在各种场合向华为人和客户传达这样的观点：“客户是华为的衣食父母，天底下唯一给华为钱的只有客户，华为之所以能够活下来，其中很关键的因素就是坚持以客户为中心，并且也只有不断坚持以客户为中心才能让华为活得更久一些。”

《华为公司基本法》第二十五条提到：“顾客的利益所在，就是我们生存与发展的最根本的利益所在。”2007年版《华为公司的核心价值观》就提到：“我们不为客户服务，还能为谁服务？为客户服务是我们生存的唯一理由。”当年，中国人民大学教授的初稿是“为客户服务是我们生存的理由”，任正非加上了“唯一”两字。

4.2.1　不畏艰险，与客户共进退

说到容易做到难！华为可不只是玩嘴上功夫，如今的华为是一家名副其实的全球化公司。华为的客户来自全球各地，既有来自欧美发达国家的，也

有来自亚非拉等落后贫穷国家的。在许多非洲国家，条件要比国内和欧美等国家差很多，被外派到非洲的员工不仅有感染疾病的风险，同时也会遭遇各种战乱和冲突。面对陌生的环境和接连不断的战乱冲突，华为是选择退却还是和客户在一起？华为在日本大地震时和利比亚内战时的举动就是最有力的回答。

2011年3月11日，日本爆发了有史以来最严重的地震和海啸，数以万计的日本民众在地震中丧生，数以几十万计的民众被迫离开家园。大地震受灾比较严重的宫城和福岛县的通信设施遭到了极大的破坏。在这样一个形势比较危险和复杂的时刻，华为作为当地通信设备的提供商之一，是该把员工撤离到安全地带还是深入震中进行通信设备抢修，这是一个非常难以抉择的问题。

与此同时，华为的友商均在筹划“撤退”，有的公司甚至在没有知会客户的情况下，人去楼空。友商动作幅度之大，再加上部分国内媒体对灾情的渲染，华为日本员工接到越来越多国内家人和朋友的电话。各种传言四面袭来，恐慌似乎难以遏制，连华为在日本的本地员工也开始忐忑不安。这个时候，华为人是走还是留？

时任华为日本代表处代表向总部请示之后，做出了艰难而坚定的决定：“留，与客户同在。”

2011年3月15日晚，日本代表处代表用英文给代表处全体员工写了一封很长的信。“华为承载着对社会的责任，希望大家坚守岗位，和客户在一起。不管是中方员工还是本地员工，都一视同仁。组织在，人就在，大家不要怕。”代表详细解释管理层是怎么分析和判断的，为什么要选择留守。决策并不是冒险，也不是置大家的生命安全于不顾，而是基于理性的分析。管理团队一直在密切收集各种信息，彻夜分析数据，认为事态是可控的。公司也制订了好几种应急预案，包括租用专机等，出现了紧急情况，首先保障员工人身安全。

华为日本员工在收到邮件的第二天每个人都收到了一个应急救灾使用的包裹，里面装有饮用水、食品、帽子、口罩等。就这样，华为的员工开始紧张忙碌地为日本客户远程维护和恢复网络通信。但是有一些网络通信设施由于损坏严重必须到现场进行抢修，同时为了保障当地的通信服务，也需要有一些临时的移动通信基站提供通信保障服务。

所以我们看到了一个让日本民众感动的场面，当日本民众纷纷从地震灾害严重地区撤离的时候，有一个团队快速向震中前进。华为人靠着对客户的那份责任感和为了让民众通上电话的使命感，冒着生命危险进行移动通信基站的搭建和部分基站的抢修维护。华为高层孙亚芳这个时候也来到了日本，她来慰问前线的华为员工并且与客户沟通。华为在地震发生后快速协助日本客户软银、E-Mobile等客户，抢通了数百个基站。

凭借华为在关键时候的选择与行动，日本客户开始把大量的订单转向华为，如今日本市场已经成为华为在亚太区域最重要的市场之一。

我们再把目光放到非洲，当2011年利比亚战事爆发的时候，许多欧美知名移动设备提供商纷纷在第一时间选择撤离，中国政府也安排专机接送在利比亚的华人华侨。面对这样严峻的人生考验，是选择回到祖国家人身边还是坚守在客户身边？华为不少员工选择了坚守，因为他们知道这个时候网络和通信的安全与稳定对于客户有多么重要，因为他们知道这个时候是客户最需要他们的时候。既然客户最需要他们，他们唯一能够做的就是留在客户身边，帮助客户确保网络和通信的安全与稳定。

当然华为员工也知道这样的选择会伴随着莫大的风险和牺牲。为了客户，为了网络的稳定，华为员工用他们的实际行动为我们诠释了什么是“以客户为中心”。这番坚守也赢得了客户的信赖和赞誉，当利比亚战事结束之后，华为在利比亚获得了远远超越竞争对手的移动通信设备订单。

在华为，类似利比亚和日本大地震的案例还有很多很多，极其艰苦的物质环境，远离亲友的精神孤寂，时而还面临疟疾、被打劫和战乱的干扰与威胁，然而华为人开拓海外市场的勇气与信心却从不曾动摇！华为人为何会如此这般？华为人难道都不怕死吗？华为人心中的信仰到底是什么？

任正非曾经于2011年在华为伊拉克代表处进行过一次讲话，这次讲话道出了华为员工这样做的原因，这次讲话也让我们再次体会到华为以客户为中心的职业使命感。

“我们的工作是为社会提供网络，这种覆盖全球的网络，要求任何时候必须稳定运行。而我们提供的产品与服务已无处不在，无时不在，无论在缺氧的高原、赤日炎炎的沙漠、天寒地冻的北冰洋、布满地雷的危险地区、森林、河流、海洋……只要地球有人的地方，都会有覆盖。”

“华为已为全球20%的人口提供了通信服务，网络要求任何时候，任何情况下不间断。在这么宽广的地域范围内，随时都会有瘟疫、战争、地震、海啸发生，因此，员工在选择工作岗位时应与家人一同商量好，做好风险的控制与管理，不要有侥幸心理。华为并不意味着高工资，高工资意味着高责任。华为将推出本地化薪酬，做一般劳动者也没有什么不光荣。我们的职业操守是维护网络的稳定，这是与其他行业所不同的，豆腐、油条店……可以随时关掉，我们永远不能。我们曾经在安哥拉，当地负责人不请示公司，就背弃了当地政府，背弃了运营商及合作伙伴，私自撤离，酿成大错。事后多年当地政府坚决拒绝华为再进入安哥拉，我们为此付出了多大代价才重返安哥拉。任何时候都会有动乱发生，我们在任何地方、任何时候只对网络的基本稳定承担责任，任何地方、任何时候，我们决不会介入任何国家的政治。放弃网络的稳定，会有更多的人牺牲。任何事业都不是一帆风顺、布满鲜花的，我们选择的职业，是有一定责任的，而且企望担当重要职务的员工，责任更加重大。我们所有的干部，要如解放战争期间的共产党员一样，‘冲锋在前，退却在后；吃苦在前，享受在后’。我们的各级骨干，应是这种选择。”

这就是华为需要的职业责任感。什么是客户第一？华为人用行动和实践告诉了我们答案。

4.2.2 持续不断的业务改进

“以客户为中心”，就是心中装着客户。看一看，每年在各地有多少展会？各行各业都在积极展现自己，展现自己好的一面。但是，当面对客户的问题申诉，却想出各种办法来搪塞、掩盖。

我们来看一看华为是怎么做的。

2005年8月8日至13日，华为在深圳为其非洲的客户组织了一次为期六天的会议，来自12个国家的13家非洲运营商参加了此次会议。这次会议，华为的主题是“提供优质服务和运营维护的经验”。从主题上看，这还是站在华为自身的角度思考问题。

可是，到了2009年，华为的主题发生了变化。当时，华为无线产品线主办全球用户大会，邀请全球客户参加，请客户对华为提出需要改进的问题和建议。这时候，华为已经更多地站在客户的角度思考问题了，想着为客户解决更多的问题。

到了2013年，用户大会提升至公司级。大会上，通过分组讨论、现场投票选出华为最需改进的TOP（优先）问题。

2014年，客户提出了七大TOP问题，分别是：路标以及生命周期管理、本地服务团队、软件质量、资料、容量、技术问题处理、操作维护。2015年，经过客户的评判和投票，再度选出了新的七大TOP问题：本地服务资源和技能、路标管理、LTE-A网络体验与容量管理、NFV路标和迁移建议、最大化存量网络价值、频谱管理、资料。

华为指定专门的项目经理负责每个TOP问题，再把TOP问题细分成子项目，围绕客户诉求进行改进和闭环跟踪。为了更好地了解客户需求，每个TOP项目都会选择有意愿的客户成为“结对客户”，并邀请他们一起参与推动问题改进。

华为采用专业的六西格玛改进方法进行项目化管理运作。

定义阶段：华为关注客户痛点和挑战，基于客户痛点，与客户一起，识别改进课题和目标，与结对客户深入交流后，确定最具有价值的课题和目标，建立与结对客户的例行沟通会议，同时通过Newsletter向全球客户发布项目进展。

测量阶段：华为使用SIPOC和详细流程图以及柏拉图等工具，确定项目范围和主业务流程，以及与结对客户的沟通计划，聚焦关键环节和问题，并细化成子项目，合理分配资源以提高效率。

分析阶段：华为通过鱼骨树或失效树分析关键环节的潜在原因，使用PRN方法聚焦关键原因，通过严谨的分析，让每条根因得到有效验证，确保一致性把事情做对。

改进阶段：华为针对关键根因制定可行措施，将措施SMART化，确保有效实施，且结果易被验证。

控制阶段：制订改进成果控制计划，以标准化管理，固化改进结果，确保问题不再出现，最终解决客户的后顾之忧。

关注客户，关注问题的解决，持续不断地改进自己。这样，客户才会与华为越走越近，成为合作伙伴。

4.3　客户满意是衡量一切工作的准绳

任正非在2010年华为市场工作会议上讲道：“华为公司是以客户为中心，不是以老板为中心。如果以老板为中心，从上到下，阿谀、逢迎、吹牛、拍马之风，假话之风就盛行。只要说几句假话，老板高兴，我就有希望——这个风气就是以老板为中心。谁来提拔我，我天天就要让这位老板舒服，老板舒服了，我就可以提拔——这个风气就是阿谀奉承之风。”

《华为公司基本法》第二十五条还提到：“我们要以服务来定队伍建设的宗旨，以顾客满意度作为衡量一切工作的准绳。”任正非在2000年“为什么要自我批判”的讲话中说：“只要我们时时、处处坚持把客户利益放到最高的准则，我们又善于改正自己存在的问题，那么客户满意度就会大大地提高。没有自我批判，认识不到自己的不足，何来客户满意度的提高？”

4.3.1 眼睛盯着客户，屁股对着老板

任正非讲：“眼睛盯着客户干活的人，屁股是朝哪儿呢？屁股是朝老板的。”“在华为，坚决提拔那些眼睛盯着客户、屁股对着老板的员工；坚决淘汰那些眼睛盯着老板、屁股对着客户的干部。前者是公司价值的创造者，后者是谋取个人私利的奴才。”这些话对于中国大多数企业老板来说，听起来有些刺耳，但是这些简单粗糙的大白话却道出了企业存在的真谛。

这句话说起来容易，要做到可就难了。我们来看看任正非是如何做的。这两年，一向低调的任正非成为中国企业家的“网红”，网络上时不时会有一些他的照片流传：有他在机场排队打出租车的，有挤在地铁里的，也有端着盘子和员工一起排队打饭的，其中流传最广的要数他独自一人拖着行李在上海机场等出租车的场景。

也许你会不信，也许你认为他在作秀，也许你会质疑，但不管你怎么想，他就是这样一个人，不同于中国许多知名企业家外出时的前呼后拥和迎来送往。任正非经常独自一人拖着行李在机场等出租车。他到国内某地出差或度假，从不提前通知所在地的公司负责人。下飞机后乘坐出租车直奔酒店或开会地点是他的习惯和常态，偶尔让人看到拍下照片反而成了新闻。

在华为流传这样一件真实案例：在华为公司创办早期，有一次任正非到华为北方一个办事处考察。当时有一位刚升任办事处代表的华为干部得知消息后，为了好好在任正非面前表现一番，特意安排了一辆豪华轿车到机场亲自迎接任正非。任正非在机场看到这位领导之后破口大骂。他说，这个时候他不应该来机场接他，而是应该在客户那里，这辆车也不应该来接他，而是应该接客户。从此任正非不管到哪里考察，都没有人再敢到机场迎接。

任正非为什么会这么做？华为一位副董事长说：“华为这样的做法，并

不代表华为领导层的道德觉悟有多高，这不是我们的出发点，重要的是，它体现着华为的价值观：客户重要，还是领导重要？这才是大是大非，关系到华为的生死存亡。”

2011年华为轮值首席执行官徐值军在一次华为内部干部大会上谈到华为管理者的18种惰怠行为，其中就有一条是“以领导为核心，不以客户为中心”。徐值军在大会上明确提出当前华为最深恶痛绝的就是做PPT，有些主管在给上级汇报前，为了做一个汇报PPT，不知道要召集下属开多少会议。任正非针对这种行为也曾在公司发出警告：“我们上下弥漫着一种风气，崇尚领导比崇尚客户更厉害，管理团队的权力太大了，从上到下，关注领导已超过关注客户；向上级汇报的PPT如此多姿多彩，领导一出差，安排如此精细，如此费心，他们还有多少心思用在客户身上？”

管理大师彼得·德鲁克曾经讲过：“企业的目的只有一个，那就是为顾客创造价值。”眼睛盯着客户，屁股对着老板。说白了就是在企业中塑造良好的企业文化与风气，最终也是为了以客户为中心来服务的。

4.3.2 客户接待也创造价值

不知大家是否还记得，2012年网络热议的甘肃天水接待办公室的标语“接待也是生产力”？刚看到这句话的时候笔者非常佩服写这句话的部门的勇气。这句话听起来有些别扭，却是通用的逻辑思维，是一句不折不扣的“大实话”。

这句话出自政府人员之口，由此可见接待工作在政府部门的重要性和特殊性。那么在企业界接待是否也会产生生产力呢？答案是肯定的。在企业的经济交往活动中，接待是一项正常工作。企业态度热情一些，多点儿诚心，多点儿礼貌，多点儿热情；工作实在一些，多点儿细心，多点儿周到，多点儿方便，让客户充分感受到尊敬、礼貌、友好、热情、方便，心情舒畅一些，这样非常有利于客户选择企业的产品与服务。

开门办企业就一定会接待客户，如何接待客户以及接待客户的能力一定程度上反映了这家企业对客户第一这个价值观的实践程度。

我们曾经拜访过国内很多知名企业，也感受了不同企业接待客户的流程和服务。华为可以说是在客户接待方面做得最到位的一家企业，也可以说是把客户第一的价值观实践得最为彻底的一家企业。

让我们来看看华为是如何做的！

首先，我们来看华为的参观接待流程。在华为，负责客户接待的部门是客户工程部（简称客工部）。任正非安排自己的儿子亲自掌管这个部门，华为对于客户接待工作的重视程度可见一斑，华为希望把客户接待作为一项系统工程来对待。

在客户参观华为的前两天，华为客工部工作人员会首先和客户通过电话进行行程安排，沟通相关接待细节等事宜，以期让客户在走进华为之前对于整体安排有一个预热。

在前期的沟通环节，华为工作人员会力求了解更多的关于客户的信息，如客户来访人员核心领导人员名单、性别、年龄以及民族等信息。同时，最重要的事情是必须了解客户此次参访的最大诉求。了解这些信息对于工作人员更有针对性地安排参访和讲解会非常有帮助，也会让华为工作人员能够对整个参访团队做到有的放矢。

参观接待的当天，华为会安排一辆礼宾引导车全程陪同引导，一般会是奥迪或奔驰等世界名车。由于担心客户不太熟悉路程，华为的礼宾车会提前15分钟停靠在高速公路华为出口（从深圳市区前往华为基地需要经过梅观高速），礼宾车司机都是经过严格选拔的，除驾驶技术过硬之外，对于身高和长相也有要求，所以每次我们参访华为都会看到一位形象气质俱佳的司机在前方引导。这时候华为工作人员也会诚挚邀请参访企业带队领导乘坐礼宾车，华为期望通过这种方式显示对领导的尊敬和重视。华为基地很大，不同的参观地点必须用车，因此这辆礼宾车会在参访华为期间一直担任引导角色，华为的工作人员也会在不同的参观地点进行电话沟通和确认，以确保参访人员到了不同的地方总会有华为的接待人员微笑迎接。

客户参访华为的第一站是华为产品展厅。当大家进入产品展厅看到的第一幅画面是显示有“欢迎某某莅临华为参观”的电子欢迎牌，这让每一个参访华为的人都有宾至如归的感觉。紧接着，华为会安排全体参访人员合影留念。参观华为产品展厅主要是能够全方位了解华为的产品与服务，华为期望通过展厅的专业讲解能够让客户对于华为的产品和服务有直观的了解和感受。

从2011年年底开始，华为在之前的运营商展厅的基础上增加了企业展厅，这和华为的战略转型息息相关，华为从2012年开始了三大业务集团（Business Group，BG）（运营商BG、企业BG、消费者BG）的运作。增加企业展厅，一方面彰显华为对于企业业务的重视；另一方面也彰显华为期望能够给企业客户提供更加贴身与及时的服务。

华为企业展厅不仅是展示华为最新产品和应用的地方，展厅在设计时融入了更多和客户互动及体验的环节，通过让客户的亲身实践与感受增进客户对于华为产品的感知与良好印象。

华为展厅可以说是了解华为的窗口，当客户即将前往华为其他区域进行参观的时候，华为工作人员会将装有大家在展厅门口合影的相框送给每一位参访嘉宾，这个环节特别能够打动参访者。参访嘉宾拿到照片的时候无不感动和惊讶，大家惊讶于华为对于细节的关注，感动于华为对于客户的尊重。

随后华为会安排参访立体物流基地、华为大学、华为百草园等地方，无论在哪个地方参观，华为专业接待人员总能够提前在入口处微笑迎接，也总能够给予参访人员专业耐心的讲解。同时，华为随同的接待人员也会不时询问参访人员是否还有其他的需求，只要是客户提出的需求，在合理的范围内，华为的工作人员都会尽一切能力提供支持和帮助。

在客户接待方面能够做到这样的企业凤毛麟角，华为做到了，并且华为做到了超越客户的期望。华为的客工部其实不仅仅是在进行客户接待这样的简单工作，他们在展示公司产品的同时也在展示华为品牌和华为形象，华为通过客户接待工作，成功与客户进行了互动。如果客户未来需要类似的产品或服务，他们的脑海浮现出的第一个画面一定是华为。从这一点来看，华为客工部与其说是一个客户接待部门，倒不如说是一个销售前沿部门更为贴切。因为客工部不仅成功让客户认识和了解了华为，同时做了一次华为产品的售前顾问，拉近了与客户的关系与感情，为日后销售人员跟进客户做了良好的铺垫。

华为凭什么能够在竞争激烈的电信设备领域步步为营，凭什么能够击败世界巨头成为全球最大移动设备提供商？我们从华为对客户的接待工作中已经能够看出端倪。当然，华为的客户接待工作只能说是华为对客户提供产品和服务的一个环节，但从这个环节我们可以看出华为对客户的关注和尊重，也可以看出华为是如何实践客户第一的价值观的。

“接待也是生产力”，这句话在企业界也是一句大实话。

客户第一，以客户为中心，这是很多企业都非常清楚的道理，任正非也深谙此道。任正非也曾经向华为员工和客户讲过华为凭什么能够活下来，华为超越竞争对手的全部秘密就是三句话：以客户为中心，以奋斗者为本，长期坚持艰苦奋斗。

现在，基本上每家企业都会把客户第一作为价值信条写进企业核心价值观，并且还会张贴在墙壁上面，但是真正能够做到这一点的企业凤毛麟角。

原因在哪里？是因为员工对于“客户第一”这句话的含义理解得不够，还是因为领导者没有身体力行？

实践是检验真理的唯一标准。

4.4　华为商业模式的本质：“深淘滩、低作堰”

一次在与EMBA学员的变革主题的交流中，一位学员提到，华为32年的发展，最核心的成功要素究竟是什么？

笔者说：“大家都知道，二十多年来，华为一直走在西方公司走过的路上，华为在不断向西方公司学习。从20世纪90年代起，华为就开始向西方公司学习，先是向通用学习，再向IBM学习，后来又向三星学习。华为持续不断的学习促进了华为的发展。”

这位学员又问：“为什么别人都倒下了，华为就能后来居上呢？”笔者以前还真没有细想过这个问题。后来琢磨，要跳出管理本身来看，那就是中国人的智慧和文化在起作用。华为是中西结合的典范，既有西方的管理方法，又有中国人的智慧和文化。这或许就是根本的区别！

4.4.1 李冰父子治水对企业的启示

都江堰千年不毁，为什么？首先，要做堰。因为不做堰，江水就不会自流到宝瓶口中。但堰又不能做高了，因为做高了，洪水一来就会在堰前的河道中形成沙石的大量淤积，使工程前功尽弃。其次，要淘滩。如果不淘滩，泥沙淤积越来越多。所以，每年都要疏浚河道、清理淤泥。那到底挖泥沙挖到多深合适呢？李冰在修建都江堰时，把卧铁平放在河床上，目的是标记河道的深浅，每年挖到卧铁即可。

都江堰的治水经验，概括起来就是“深掏滩、低作堰”。它给我们的企业什么启迪呢？

4.4.2 低作堰

做大事切忌急功近利，要有长远观点，追求可持续的目标。“低作堰”就是节制自己的贪欲，自己留存的利润低一些，多让一些利给客户，以及善待上游供应商。“低作堰”的结果，就是构筑起了产业的价格壁垒、利润率壁垒，从而获得更长、更大的市场空间。

举个例子，2003年，华为为了配合无线设备的销售，成立了手机产品线。那时手机市场已经是一片红海，华为作为后进者又没有什么技术优势，因此连续3年因为亏损而到处找别的部门借钱发奖金，人员士气低落，内忧外困。

2006年，终端产品99%的市场都还是2G产品，竞争对手的产品品牌、技术实力都很强。如果华为想在2G产品上分一杯羹，就要投入巨大的资源和成本，还不一定能杀出一条血路。但3G市场就不同了，那时华为在世界各地帮运营商建了一些3G无线网络，但市场上却没有多少3G的终端产品。因为能上网的手机很少，移动互联网还只是人们脑海中的一个概念。

那华为能不能借这个机会，做出3G终端产品，在3G市场突袭成功呢？

这个想法一提出来便引起了大家的争论。有人质疑这种想法“太疯狂”，认为当时99%的市场都是2G产品，华为放弃2G产品，几乎是放弃了整个市场，把宝都压在3G这个“未来”上。可未来什么时候才会来？但也有人坚持认为3G网络都已经全面开始建设了，3G时代还会远吗？华为与其在2G这个夕阳市场上争得头破血流，不如聚焦3G市场的需求开发出有竞争力的产品。

回到2G，面临的是强敌环伺，四面楚歌；冲往3G，虽然迷雾重重，但也许就能异军突起，率先突围。

终端公司的管理团队经过多次讨论及争吵，最终达成共识，将有限的研发力量全部投入3G终端产品的研发，相当于放弃了99%的市场，尽全力赌明天。为此华为在北京成立了WCDMA手机团队，在上海成立了CDMA手机团队，在深圳成立了数据卡产品团队，战略诉求就是在3G终端产品领域实现业界领先。既然已经错过了2G终端，那就在3G终端产品上谋求一席之地。

数据卡（一种用于3G上网的设备）是一个细分市场，摩托罗拉和诺基亚等巨头因为数据卡市场空间小而没有重视。华为的要求是“小盘子里分大蛋糕”，即要贡献利润。

那时，消费者主要通过PC或者便携机上网，数据卡就是一个上网设备，里面装上运营商的流量卡，再插在笔记本电脑上，就可以让用户摆脱网线的束缚，随时随地上网，真正实现移动办公。

当时的数据卡主要采用PCMCIA接口，数据卡的尺寸很大，而且只能用在便携机插槽中，用户少，市场规模小。

2006年，某运营商客户提出能否将PCMCIA接口换成更通用的USB接口。当这个需求从一线传递到研发时，技术专家分析后觉得不可能实现，因为USB的电压不够。但研发体系里总有不信邪的“傻子”，觉得不试试怎么知道不行呢?

华为研发团队经过一年多的努力，终于克服了技术难题，诞生了全球畅销的USB数据卡产品——E220。

E220产品在技术上有两个重大突破。一是第一次在USB口上实现数据通信功能，将数据卡的市场空间提升了十多倍。二是首次实现免安装，去掉了安装光盘，让消费者可以随时随地上网，大幅提升了易用性。

2007年，华为E220和苹果iPhone等产品一起被海外知名媒体评为当年最有影响力的消费电子产品。

E220的成功让数据卡团队认识到，通过技术创新提升消费者易用性是主要的努力方向。

E220虽然是USB接口的，但还是要带一根USB线，使用时略有不便，于是研发团队就思考，能否去掉这根线呢?

2007年年底，第一款不带USB线的移动宽带产品E170上市，形态类似于U盘，在国外称为Stick；2008年，全球首款支持USB旋转头的数据卡产品E180面市；2009年，全球首款无线接入互联网的E5产品面市……

华为数据卡产品逐渐得到了欧洲消费者的认可，市场份额稳步上升。华为成功实现了“小盘子里分大蛋糕”的战略目标。

E220产品突破欧洲后，华为就将下一个目标对准了日本市场。

在日本市场推出的E227，仅在E-Mobile的销售额就超过了五亿美元。华为数据卡产品荣获“日本最佳移动设备奖”，随后几年日本市场上的数据卡产品几乎都来自华为。

数据卡产品，由于暴利，迎来了大量的供应商竞争。数据卡产品的利润率直线下滑。从这款产品来说，华为没有建立起价格壁垒，没有建立起利润率壁垒。所以，很快就从华为独家，变成了群雄逐鹿。

数据卡产品，单从价格壁垒来说，是不成功的。后来，任正非吸取了教训。

2013年，华为开始“悄悄地”涉足光伏逆变器。2014年，华为以首创的组串式逆变器进入市场。组串式逆变器具备卓越的性能指标：当电网电压跌落到零时，在标准限定时间内不脱网并能快速响应输出无功，有效支持电网恢复，保证了电网的稳定性。当电网出现电压瞬时升高时，逆变器不仅不会脱网，而且继续快速响应电网对有功和无功的调度，帮助电网迅速稳定。

华为的组串式逆变器是对现有技术的颠覆。该产品一经推出，便迅速得到了广大客户的认可。在光伏产品上，任正非就非常明确：控制毛利率，让后来者没有利润，也就减少了这款产品的竞争压力。华为经过3年时间，从光伏领域新来者，成为行业领先者。

数据卡和光伏逆变器是两个非常好的案例。为了长远发展，华为究竟应该怎么对待利润率？数据卡产品，没有进行合理的利润率控制，引来了大量竞争对手。而光伏逆变器很好地控制利润率，赢得了市场的绝对控制。

2012年，任正非在华为运营商BG战略务虚会上就讲：“为什么我一贯主张赚小钱不赚大钱？这就是商业模式。因为电信网络不太赚钱了，有些设备供应商减少了某些方面的投资，才让我们赶上来了。如果我们在这个行业称霸时，我们继续赚小钱，那谁想进这个行业赚大钱是不可能的。他要赚小钱，那看他能不能耐得住这个寂寞？耐不住寂寞他就不干了，还是我们占着位置。如果我们长期保持饥饿状态，不谋求赚大钱，最终我们能持久赚钱。赚小钱，如果分配不是很差，还过得去，大家不散掉就行了。如果我们想垒起短期利益，想赚大钱，就是自己埋葬自己。”

我们再来看苹果公司。苹果公司很成功，但没有了乔布斯，苹果的步伐变慢了。苹果的整个市场份额只有百分之十五，但是几乎攫取了这个行业在全世界利润的百分之九十，它的定位就是高端的客户需求。例如，苹果的某款手机要卖到8 000元，那这到底是不是一件好事呢？但是如果苹果不卖到8 000元，就不会有三星，更不会有华为了。苹果的高端定位，其实是给了华为机会。华为就是从苹果不关注的低端市场上起来的，现在华为成了苹果最大的竞争对手。

克里斯坦森的《创新者的窘境》中，第四章就是《回不去的低端市场》。这些大公司为什么会被颠覆呢？就是因为它们一直在往高端走，商业模式、成本结构也在往高端走，产品往高附加值走，最后被颠覆了。它们把低端市场让出来以后，这些新进入的企业在低端市场上站稳了脚跟，建立了牢固的商业模式。大公司不是一夜被颠覆的，而是有一个过程，这个过程最早出现在低端市场被当作“瘦狗”放弃的时候。

低端产品不赚钱，或者赚钱少，但这是竞争对手攻破华为的突破口。华为要防范那些新创公司重走华为的路。为此，华为决定不放弃低端市场，这就是华为的战略。

任正非曾在华为的消费者BG会议上讲：“首先，我们要正确对待低端机的商业价值……用低端产品来保卫我们的高端产品多一些盈利，很重要。虽然低端机在商业成功上赚的钱少，但是它保卫了高端机的市场。”

4.4.3 深淘滩

“深淘滩”就是不断挖掘内部潜力，降低运作成本，为客户提供更有价值的服务。“深掏滩”的结果就是不断提升企业的核心能力，构筑产业的技术壁垒、品牌壁垒、管理壁垒。

2015年，华为的产品成本管理节约3亿美元；风险应收回款避免损失约3亿美元；服务成本降低2亿美元；公司车辆、场地、物业和后勤支撑等行政费用节约5 000万美元；存货优化管理节约5 000万美元；物流成本节约3 000万美元；资产盘活节约2 000万美元。各项节约合计10亿美元左右。而华为2015年的净利润为56.85亿美元。由此可见，对一个企业来说，不断挖掘内部潜力有多么重要。

任正非说："价格低就意味着只有做到内部运作成本低这一条路。不仅在各个运作环节寻找优化，而且在人的工资薪酬上，要理智合理地控制。不然客户是不会接受你的员工的舒适工作与生活，以及员工的高工资、高成本凌驾在他们头上的。"

第5章 业务管理方法和实践：更简单、更及时、更准确

任正非说："要建立一系列以客户为中心、以生存为底线的管理体系，企业要摆脱对个人的依赖，使要做的事从输入到输出，直接端到端，简洁而有效地连通，尽可能减少层级，使成本最低，效率最高。"这是华为以业务为驱动的核心管理思想，也是华为业务管理的精要所在。

5.1 聚焦业务重点，确保长期有效增长

每年的第四季度，华为进行战略规划（Strategy Plan，SP）工作，完成战略规划后，紧接着进入业务计划（Business Plan，BP）。从战略解码进入业务重点工作梳理，制定具体策略，确保落地。

5.1.1 明确战略方向

2018年，华为发布新的愿景：把数字世界带入每个人、每个家庭、每个组织，构建万物互联的智能世界。基于新的愿景，华为将战略重新梳理，浓缩为六个字：联结、智能、体验。作为信息与通信技术行业的领军企业，华为志在带领全人类进入新的科技时代。联结，是智能世界的基础。智能世界

要求无处不在的数据与信息联接，也就是几乎所有人都耳熟能详的5G时代。

信息通信虽然与每个人密切相关，却是高科技领域，非专业人士难以理解也无须理解。5G是什么？5G是第五代通信技术。在即将到来的5G时代，信息传递数据更快，传递的通道更宽，且能够联接到生活的每一个角落。此时谈5G，它是一个未来。而在不久的未来，5G会跟每个人、生活的每个角落息息相关。这个未来，比很多科学家曾经的预测来得要快。

2017年12月，国际电信标准组织宣布，5G NR首发版本正式冻结并发布；2018年2月，沃达丰和华为完成首次5G通话测试。这意味着，华为在5G领域走在世界的最前端，将引领未来世界的5G发展。正是因为华为在5G的领军地位导致美国政府从2018年起，不惜采用非常规手段对华为的全球业务进行各种野蛮打压。也正是通过美国政府和总统的不断“宣传”，普罗大众虽然尚未清楚究竟什么是5G，但已经感受到5G于未来的重要性。

其实不仅仅是中国（华为），其他的业界顶尖公司，包括韩国（三星电子）、日本、欧盟（爱立信）、美国（高通公司）等也早在多年前投入了相当的资源研发5G网络。华为从2009年起，就已经展开了5G相关技术的早期研究，并在之后的几年里向外界展示了5G原型机基站。华为在2013年11月6日宣布将在2018年前投资6亿美元对5G的技术进行研发与创新，并预言在2020年用户会享受到20Gbps的商用5G移动网络。到了今天，华为对5G的投入应该远远超过2013年的预测。

5.1.2 战略解码梳理业务重点

有了明确的战略方向，接下来要做的是通过战略解码梳理业务重点工作，并切实地开展执行。正如华为在10年前通过敏锐的市场洞察力清晰预测到未来的5G之争，从公司层面将5G的研发工作列入重点工作项目，是公司最重要的战略投入。制定行之有效的业务策略，包括组织建设、人才配备、管理制度、硬件设施等，并将每一项核审之后的策略都落实到位，才会取得突破与成功，才能在5G时代抢得先机。

华为的主要客户是运营商，为运营商客户的网络稳定安全运行提供保障是华为的重要工作。如何聚焦客户希望获得稳定安全网络运行的需求，整合公司最高效的资源，制定相应策略并落实是业务线的重点工作。

例如在2012年，华为提出:“作为全球领先的ICT解决方案提供商之一，为客户网络和业务的稳定安全运营（特别是在遭遇地震、海啸等自然灾害和其他突发事件时）提供保障支持是华为的首要责任。”那么这一年工作的首要重点放在各种极端条件下为华为的客户的网络设备提供安全保障和支持。通俗点说就是，不管发生各种天灾人祸还是战乱政变，都能让使用华为通信设备的运营商的终端客户的电话通信和网络顺畅。

为确保运营商的网络稳定，华为首先从全方位构建客户网络保障体系，包括全球24小时需求响应体系，特别是在危急时刻，从组织、人员、流程及IT工具等方面全方位构建客户网络保障体系。

其次，华为在全公司层面建立了Level 1、Level 2和Level 3三级技术支持支撑体系，主要用来受理客户服务请求 Level 1通过语言技术支持中心为客户提供7×24小时的全方位支持，是客户需求的主要接口。华为在全球已搭建9个语言技术支持中心。 Level 2包括3个全球技术支持中心，分别位于中国、墨西哥和罗马尼亚，为Level 1提供7×24小时的全方位的支撑。Level 3包括位于中国、罗马尼亚等地的研发团队，为Level 2提供7×24小时全方位支持和必要时更深入的技术方案分析。根据业务需求，分层级协助客户解决现场出现的问题。

此外，华为覆盖全球的服务工程师、全球硬件服务支撑体系、交付流程及IT体系等都基于业务需求进行加强，为稳定的网络运行提供保障。

正是在此完整宏大的体系中，在一次次重大任务和危机事件发生时，华为与客户及合作伙伴同心协力，渡过难关。例如，在2012年伦敦奥运会期间，华为提前做好风险预估及准备工作，让客户的网络在奥运会期间“零”中断，使奥运赛事完整地向全球顺利转播。再如，2012年12月尼日利亚发生暴乱时，运营商的网络设备受损严重，华为及合作伙伴第一时间和运营商联合成立保障团队，24小时不间断监控网络，2天内完成了对重点区域业务的恢复，10天内就恢复了所有设备的运行。

2018年起，华为与美国政府相关的新闻反复出现在全球新闻媒体上，但是熟悉通信领域与华为的读者可能知道，其实华为与美国政府、美国企业之间的争论早有渊源。2003年1月24日，美国思科向美国法院起诉华为侵犯其知识产权，长达77页的起诉书涉及21项罪名，都与知识产权相关。这场诉讼是华为创立15年来第一次被外国企业起诉。这场诉讼最终通过谈判而中止，其中的得失胜负也各有纷争。站在华为的角度，它经历了一场挑战，积累了经验，更重要的是在国际化和知识产权的认知上迈出了一大步。

从思科诉讼后，华为将知识产权管理列入公司重要战略任务，从公司管理制度、组织运作、规章制度、激励政策、人员管理等各方面制定相关策略，设定关键绩效指标，推动华为知识产品工作的开展。

截至2014年12月31日，华为累计共获得专利授权38 825件，其中累计申请中国专利48 719件，外国专利申请累计23 917件。同年数据显示，华为的中国发明专利授权数量位居企业第一位，欧洲专利授权数量位居企业第7位，美国专利授权数量位居企业第28位。站在“掷地有声”的业绩前面，华为向全世界宣布：“尊重他人知识产权，始终以开放、积极友好的态度，遵守和运用国际知识产权规则，通过协商谈判、交叉许可、产品合作等多种途径解决知识产权问题。针对恶意知识产权侵权行为，华为会通过司法程序维护自身的权益。”

从问题中导出重点工作，基于管理逻辑制定各项业务策略，切实开展实施，聚焦问题解决，就是华为的业务管理思维。

5.1.3　不为短期利益所动，提升企业核心竞争力

要想聚焦业务重点，就要不为短期利益所动，这是提升企业核心竞争力的重点。

任正非曾经说过："华为不是上市公司，不受资本市场的约束和绑架。我们可以为理想和目标'傻投入'，所以我们可以拒绝短视和机会主义。我们只抓战略机遇，非战略机会或短期捞钱机会可以放弃，这是资本和股东做不到的，只有理想主义者可以做得到。为理想和远大目标敢于加大技术、人才、管理体系和客户服务的长期投入，看准了，舍得为未来的目标连续投、长期投，避免了短期行为，耐得住寂寞，忍受得了艰苦和磨难。华为就是一只大乌龟，二十多年来，只知爬呀爬，全然没看见路两旁的鲜花，不被所谓互联网'风口'所左右，回归商业精神的本质，坚定信心走自己的路。"

华为随便抓一个机会就可能挣很多钱，如果华为为短期利益所困，就会在非战略机会上耽误时间而丧失战略机遇。所以，华为的"傻"还体现为不为短期挣钱机会所左右，不急功近利，不为单一规模成长所动，敢于放弃非战略性机会，敢赌未来。敢赌就是战略眼光，就是聚焦于大的战略机会，看准了，就集中配置资源压强在关键成功要素上。华为多年来只做了一件事，就是坚持管道战略，通过管道来整合业务和产业。

5.2 客户关系是第一生产力

"以客户为中心"是华为的核心价值观。正如任正非所说，为客户服务是华为存在的唯一理由，也是华为生存下去的唯一基础。如何才能深刻理解客户的需求，给客户提供有价值的服务，就需要建立良好的客户关系。

与客户进行充分的交流，保持谦虚倾听客户需求，是华为公司对所有高级干部和一线业务人员的要求。

华为前30年的主要客户是大型运营商客户，从交易型销售到解决方案顾问式销售，再到战略型销售，是大客户B2B销售模式。大客户销售涉及的范围广，方案及产品复杂，项目运作周期长，客户关系相应地也更繁复。基于业务特点，华为将客户关系分成三层，即组织客户关系、关键客户关系、普遍客户关系。

关键客户关系是业务突破的关键，是供应商与客户关键决策者建立的互动。没有关键客户关系的建立，就没有销售突破的可能。但很多企业仅仅停留在关键客户关系。

普遍客户关系是业务持续开展的基础，是供应商与客户相关业务部门建立的互动，如财务部门、维护部门等。如果没有这些部门的支撑，业务是很难持续开展的，也是很难顺利关闭的。而普遍客户关系的建立较关键客户关系的建立难多了，它需要供应商更多的业务部门参与，也需要面对更复杂的客户组织。

华为的管理理念认为，与客户各个层面相关人员的友好互动与交流，都非常重要。华为所有与客户接触的人员，都应该秉承百尺竿头更进一步的理念，将提高客户满意度作为职责。

组织客户关系是长期发展的发动机，它是双方企业间建立的互动。当销售规模达到一定程度后，如何巩固双方的合作？如何将合作更进一步？

组织客户关系、关键客户关系、普遍客户关系相辅相成，搭建了华为的客户关系平台。

华为从1997年起，引进IBM顾问团队进行管理咨询变革项目，很多管理思维和方法论都汲取自以IBM为代表的西方理论。在客户满意度与客户关系管理的推行理念上，同样也借鉴了IBM的思路与方式。

当年华为为了让员工理解客户关系与客户满意度，斥巨资采购了IBM聘请专门培训机构开发的经典培训课程《谁杀死了合同》（原名《关键时刻》），通过两天的情景式演练，让所有参加培训的人员从旁观者的角度思考客户需求，了解为什么每一次每一个角色与客户发生互动都很重要，对比不同场景深刻体会客户的感受，理解客户满意度分数背后的含义。该培训课程需要按参加人员数计费向咨询公司缴纳费用，同时还在公司内部选拔富有经验的一线管理人员担任课程讲师，通过他们结合内部案例，深入浅出地将客户关系、客户满意理念推行到全公司。这门培训课程覆盖了华为全球的一线工作人员。从这一门软技能培训的覆盖力度上可以看到，华为为了让客户关系成为所有一线工作人员的一部分工作所投入的力度。

“每一次和客户产生互动的时刻都是业务的关键时刻。”这正是华为的普遍客户关系管理的理念。正如任正非所强调的，普遍客户关系是对所有部门的要求，坚持普遍客户关系原则就是对谁都好，不能因为认为对方仅仅是一名工程师就不去进行沟通，不介绍产品，不维护关系，因为每一个环节都可能影响客户最终对华为的评分。

“我们只和信任的人进行合作。”这句话来自华为《谁杀死了合同》培训中的情景案例，同时也点出了客户关系建设的目标与重要性。

华为早期进入海外市场时，缺乏品牌知名度，技术上也未有突出优势，中国企业的背景也让不少客户望而却步，海外的拓展经历了漫长的过程。公司从客户的角度出发，在华为坂田的总部不仅修建了世界一流的园区、产品展示厅，还组建了客户接待的专业队伍，邀请全球的运营商客户到深圳总部参观。运营商客户尤其是客户高层在其所在国都有着显赫的地位，见多识广，但确实有不少客户是第一次来到中国。不少客户在第一眼看见华为总部时都表示震惊，华为、华为的产品与员工、华为所在的城市深圳，都超越了他们曾经的想象。

为什么要组建专业的客户接待团队，为什么对客户采用五星级服务，为什么邀请客户来看华为的产品和办公环境，其核心就是为了让客户对华为有信心。客户在每一次和华为的互动中，都能达到甚至超越他们的期望。客户对华为有了信心，才能放下顾虑与华为合作。如同任正非所言，客户对华为的信任，依靠的是华为员工的不断艰苦奋斗。

邀请客户到华为总部参观，只是华为客户关系搭建中的一个关键动作，但能把这样一个动作发挥到极致，也为客户关系奠定了良好的基础。客户关系的每一个关键动作的背后都有一整套管理体系，包括组织、人员、流程、

IT与硬件平台，同时也有不断的改进。

大客户销售需要建立长期的战略合作关系。华为的发展是通过发展客户来实现的，所以客户的价值主张就决定了华为的价值主张。从传统意义上来说，客户需求可以简单归纳为“质量好、服务好、价格低、快速响应”。但更重要的是能够找到和理解客户最痛的地方，和客户一起面对现在和未来，相互支撑和扶持，才能在激烈的市场中共同发展、携手并进，这才是组织之间的战略合作。客户关系是将合作关系从交易模式转为战略模式的基础动力。

与客户建立战略合作关系，意味着对华为三个层次的客户关系提出不同要求。这些要求延展开去，是对公司产品与方案的要求，是对个人技能与沟通的要求，是对组织的管理和流程的要求，在不断优化的互动中，促进业务的持续发展。

例如，华为在业务一线采用作战单元的模式，无论是“铁三角模式”，还是其他的小团队模式，其出发点都是为了能够更好地面向客户，有效地提升客户对华为的信任，更深刻理解客户需求。这不仅能够提升客户满意度，也能改善华为的销售及财务指标。

5.3 快速响应客户需求，持续为客户创造价值

管理大师迈克尔·哈默曾经讲过：“企业的目的只有一个，那就是成就客户价值。”成就客户价值首先从响应客户需求开始，客户需求随时都会发生变化，当客户需求发生变化的时候，我们的团队是否可以真的做到以客户为中心，快速响应客户需求？我们通过真实案例来看看华为是如何做的。

5.3.1 “马电事件”带来的业务改进

2011年年初，一篇特殊的新年贺词《我们还是以客户为中心吗？！——

马电首席执行官投诉始末》在《华为人》发表。它犹如兜头一盆冷水，使华为人从业绩增长的喧嚣中冷静下来……

事情起因于2010年8月5日马来西亚电信首席执行官对华为的投诉，马来西亚电信首席执行官在投诉信中说："非常遗憾，在过去几个月中，华为的表现并没有达到我对于一个国际大公司的专业标准的期望……过去几个月里，多个问题引起我们管理团队的高度关注和忧虑。①合同履约符合度（产品规格匹配）和交付问题：在一些合同的发货中，设备与我们在合同中定义的、测试过程中的不一致……②缺乏专业的项目管理动作（方式）：在我们的反复申诉中，我们刚刚看到华为在跨项目协同方面的一些努力与起色，但是在网络中，仍然存在大量缺乏风险评估的孤立变更……③缺乏合同中要求的优秀的专家资源……"

这是客户对华为已触其底线、无法再忍受的失望和愤怒。即便如此，华为内部也仅仅是邮件穿梭、谈笑风生地分析讨论这个问题，没有一个人代表华为出面去推动解决，一直到2010年8月17日华为董事长孙亚芳亲自出面拜访马来西亚电信首席执行官。

"马电事件"反映出来几个问题：没有解决方案就卖，而不管能否交付；向客户承诺的功能没有流程支撑，需求遗漏；交付时没有未雨绸缪，一边交付一边出娄子；一线呼唤炮火，千呼万唤呼不来……这些问题现在真的从本质上解决了吗?

由此，华为高层发起了一次"我们还是以客户为中心吗？"反思运动，围绕"以客户为中心在我们的脑子里是否真的扎下了根？我们能做到真诚地倾听客户的需求，认真地体会客户的感知吗？我们曾经引以为豪的方法、流程、工具、组织架构在市场的新需求下变得如此苍白无力，未来的竞争中，我们还能帮助客户实现其价值吗？能真正成就客户吗？"等展开全面讨论和深刻检讨。

"马电事件"给了华为决策层巨大的刺痛，促使其坚定了用一次彻底的组织架构转型来升级业务的想法。一位华为EMT（全称Executive Management Team，华为经营管理团队，华为日常经营的最高责任机构，受董事会委托执行华为的日常管理）成员解释说，所谓架构转型意味着，在最核心的运营商业务中，华为将放弃以事业部制来组织产品和服务，改以大运营商为核心，拆分营运中心，并建立与大客户一一对应的团队。华为将与大客户合作建立“客户创新中心”，配置来自不同产品线、不同技术部门的人员，直接进驻客户现场，与客户一起工作。总部后方则建立支持团队，随时响应驻外团队。现有的基础技术研究和前沿开发等部门则予以保留。

任正非曾多次强调：“我们在经历长期艰难曲折的历程中，悟出了‘以客户为中心，以奋斗者为本’的文化，这是我们一切工作的魂。我们要深刻地认识它，理解它。”以客户为中心，在华为的重视程度不可谓不强，高度不可谓不高。但到现在，任正非仍然在内部反复敲打，甚至拿美联航来做警示：“华为会不会是下一个美联航？我们认为最宝贵的财富是客户，一定要尊重客户。我们以客户为中心的文化，要坚持下去，越富越要不忘初心。”

5.3.2 关注客户的压力和挑战，成就客户

坚持与客户进行交流，听一听客户的心声，我们就能了解客户的好多想法。

如何更好地关注客户的压力和挑战，成就客户，成就华为？在这里，想给大家分享两个案例。一个是分布式基站，一个是SingleRAN解决方案。

先来看分布式基站案例。什么是基站？看看路边或者房顶上竖立的一个个铁塔，铁塔上挂着的就是基站。基站是连接手机的最末端通信设备，原来基站都是一体化的，华为开发出了模块化的基站，称为分布式基站。

2003年，当华为开发出3G移动设备的时候，中国还没有发放3G牌照（一直到2008年）。华为想销售3G，只能去欧洲。当年，华为还没有足够的品牌，客户对华为的认知度和接受度还很低，这样的背景下，华为想形成销售基本上是不可能完成的任务。

华为当时锁定了欧洲一个比较小的国家——荷兰，一个最小的客户——Telfort。经过无数次的技术交流，客户终于得出结论："华为3G系统部分特性已经优于爱立信。但是，我们不能使用华为的3G系统。"华为工程师问："为什么啊？"Telfort的专家告诉华为工程师："对我们来说，最大的一笔投资是设备机房，它占总投资的43%，而设备只占15%。如果我们采用华为的3G系统，意味着需要新建机房，这可是一笔巨大的投资。即使你们免费，我们也划不来。还有就是，我们与爱立信有独家协议，如果采购华为的设备，我们就得被罚款。这不是我们能接受的。"

这么长时间的拓展，就前功尽弃？华为狼性展现出来的就是"不达目的不罢休"。华为工程师又去客户机房考察，终于在一次与客户的互动中找到了商机。客户说："现在的基站体积都比较大，如果你们能将基站中对环境、温度、湿度敏感的一部分做在一起，放在机房里；另一部分不敏感的做在一起，放在机房外，那对我们来说，不就不需要新建机房了吗？"客户的这一建议与行业的发展趋势"一体化"背道而驰。

这就是后来的基站的模块化设计的原型，后来的名字就叫"分布式基站"。通过分布式基站能够实现快速建网，并能够降低30%以上的总投资，节约85%的租赁费用，节省70%的土建成本，缩短75%的开通时间。

分布式基站概念，使得华为在局部领域获得了竞争优势，为市场成功奠定了基础，爱立信一年半后也被迫推出类似产品。

现在，分布式基站的发货量已经占到华为基站总出货量的70%，成为市场突破的尖刀。

一个与行业发展趋势"背道而驰"的产品，却取得了巨大的商业成功。行业发展趋势是谁定出来的？行业领头羊！它们出于自身的技术优势和商业需要，引导出来的。一家追赶型企业，要想打破格局，赶超领先企业，就要创新，打破一个个束缚前进的条条框框。要站在客户的角度，深刻理解客户的需要，要成就客户。在成就客户的同时，华为实现了自己的商业成功。

华为还有一个非常好的案例，就是SingleRAN解决方案。什么是SingleRAN？就是以统一的基站、统一的基站控制器、统一的运维管理、统一的站点解决方案，支持运营商在多制式、多网络下的融合部署、平滑演进与高效运营。

华为经过多年的努力，已经与沃达丰建立了一定的商务合作。到了2006年，双方在西班牙马德里成立移动创新中心（MIC），专注于GSM和UMTS无线接入技术的产品创新。

2007年2月，在西班牙沃达丰集团的办公室里，客户突然对华为的几位专家说，沃达丰在欧洲有11万GSM设备基站，在其他区域就更不用说了，这些设备在未来3年里会陆续地到达EOS（End of Service，停止服务），沃达丰有三条路可走：

- 与原有厂商续签维保合同。
- 引入新厂商新建GSM900。
- 让设备在没有维保下工作。

这三条路，对沃达丰来说，都不好走。第一条路，沃达丰最想走，但与原有GSM厂商谈EOS以后的商务问题很难，现网厂商报的老设备继续维护的价格与新建GSM网的价格差不多，沃达丰在谈判中没有任何筹码。第二条路，3G已经相对成熟，各地都在进行3G的网络建设，这时候再在GSM上投入太多钱不合算。第三条路，作为领先的运营商，从各方面考虑，这条路也不能走。

所以，沃达丰非常希望华为能提供一个解决方案，再建一个网络，初期支持GSM（2G），后期能软件升级到UMTS（3G），这样可以节省大量投资和运营成本。当时，业界还没有这样的技术支持和应用先例，如果能做到，将改变整个行业。

实现客户的想法，有三个困难：

一是GSM多载波技术。

二是GSM标准，互调指标过于严苛，成本昂贵，阻碍商用。

三是华为设备不但“神”不似，连“形”也不同。

最大的难题是多载波技术。其实早在2005年，华为就做过尝试，但是最后失败了。这是世界级难题。既然全球最大的运营商提出了这个需求，华为又认为这是超越竞争对手的重要机会，于是作为创新项目正式立项。经过一年半的努力，GSM多载波技术预研成功，摘得无线通信技术皇冠，为SingleRAN解决方案的诞生奠定了技术基础。

再一个就是GSM标准，这必须靠沃达丰的努力了。在沃达丰等多家运营商的共同努力下，原来的GSM互调指标标准做了大幅放松，并于2008年在第三代合作伙伴计划（Third Generation Partnership Project，3GPP）协议落地、2010年在欧洲电信标准化协会（European Telecommunications Standards Institute，ETSI）标准落地，从此，SingleRAN解决方案开始大步迈入全球商用之路。

第三点，也是不容易解决的。不同的产品，由不同的华为团队开发。它们外观上形态各异，机箱机柜、基带插板、射频模块“七国八制”，不但“神”不似，连“形”也不同。但现在客户提出了这样具有挑战性的需求。最终，在华为俄罗斯研究所的共同努力下，实现了相同的硬件，加载不同的软件，实现不同的功能。

SingleRAN解决方案是一次革命，是对现有技术的彻底颠覆。随着产品解决方案不断发展成熟，华为SingleRAN建网理念和具体产品不断赢得了包括沃达丰、德国电信、法国电信、西班牙电信、TeliaSonera、Telenor和比利时电信在内的跨国运营商的认可。2013年，全球已经有400多个移动网络运营商选择了华为SingleRAN解决方案。正是这一年，华为超越爱立信，成为通信行业的老大。

正是华为心里装着客户，持续帮助客户解决困难，帮助客户取得成功，因此华为自己也成功了。

5.4 质量是企业的生命

2010年12月，任正非召集几位高层在海南召开会议，研讨华为手机业务转型。在这次会议上，任正非做出了三个最重要的决定，其中第一个就是华为手机要做品牌。

可是，要做品牌，要真正实现大的飞跃谈何容易？原来，华为的手机是配套产品；消费者购买中国移动的套餐，中国移动就送手机给消费者。那是什么样的手机呢？价值200元钱的产品。现在要做华为品牌的手机，定位为中高档，行吗？

余承东上任后，制订了“五年规划”，要让华为成为消费者喜爱和信赖的全球领先的消费电子品牌。实现这一目标，分成两个阶段。第一个阶段（2011—2012年）重点关注功能。第二个阶段（2013—2015年）重点关注与消费者的情感连接。为了实现功能领先，一定要在创新、品质上下功夫。当时，华为提出的一个口号就是“高而不贵”。

但是，质量的提升不是一朝一夕的事情。随着手机业务的快速增长，产品质量问题日益突出！主要问题有以下四个。

一是操作与使用：WiFi连不上、信号不稳定；电池续航能力差、发热、充不上电；触摸屏或按键易用性差、有失灵现象。

二是外观及配置：手机屏幕存在黄屏、黑点、刮伤、刀痕、花屏等现象。

三是手机功能及内容：内置程序多、软件端管理效果差。

四是售后服务：服务态度差、不够专业；处理过程烦琐、时间长，不能及时解决问题。

怎么办？在这个关键时刻，主管如果不能从意识上扭转过来，不能以质量作为企业的生命线，手机卖得越多灾难也将越大，牺牲的不仅仅是华为手机的未来，甚至对华为品牌也会造成致命打击。

为了让全体管理干部认清终端产品的质量现状及严峻形势，终端公司于7月22日在科技园召开了2011年质量反思大会。公司领导徐直军参加了会议并做了重要讲话。大会评出了“故障率最高奖”“单型号事故最多奖”“供应商管理不力奖”“频繁攻关奖”“设计频繁更改奖”等负向奖，用以警示和鞭策终端公司员工，要把质量看作终端的生命线。

在质量大会上，与会全体人员进行了质量宣誓，郑重承诺认真倾听客户需求，信守承诺；面对客户问题不推脱，快速彻底解决；落实管理者职责，强化流程执行，不接受、不制造、不流出缺陷；以质量求生存，以质量求发展，向质量要效益。

华为为了提升质量，加强消费者感知，在质量方面做了不少工作。不放过任何一个可能伤害消费者的事件。2014年8月，华为荣耀销毁价值达2 000余万元的手机，就是一个对质量负责的壮举。

2014年8月，一辆运送荣耀3C手机的货车在深圳出现轮胎起火，导致货柜箱内部分货物着火，火势较大，加之高温天气原因，火灾持续了大约20分钟后，才被消防队扑灭。

由于货柜箱内部已经着火，距离火源较近的几箱包装纸皮出现炭化现象，部分货物的手机包装胶套因受热而收缩。但是里面的手机，从外观看还是常规状态，开机就能正常使用，并且系统运行流畅。经过质量检测，不良率为1.4%，良品达到98.6%。这表明，大部分手机都没问题。

但是，这批手机经过烘烤、烟熏和水淋的折腾，远超手机的常规使用场景，无法保证在几年后是否会有隐患出现。最重要的是，根据车轮烧毁情况和包装箱的融化情况判断，当时的现场着火温度超过500℃，而手机电池高温存储极限是70℃，其他部分零件高温存储极限为80℃~85℃，着火温度远超产品规格限制要求。

华为专家认为：我们的愿景是让华为成为消费者喜爱和信赖的品牌，怎么能拿质量和消费者开玩笑呢？最终决定：放弃回收，没有再做可靠性实验的必要了，更加不可能让它们流入市场，把这批手机报废销毁掉。2015年5月28日，华为荣耀销毁了近1.3万台手机，加上此前已经销毁的4 000多台，两次总计销毁1.7万多台，总价值近2 000万元。

看着一台一台从产品线上“诞生”的新手机被销毁，在场的人员真有点舍不得。可是没有办法，质量标准就在那里，华为绝不能妥协，既是为自己的良心，也是为华为的金字招牌和消费者。

华为就是这样，锲而不舍地追求高质量，持续改进。随着华为对品质的持续关注与投入，华为产品的美誉度持续提升。

2015年年中，华为正式发布《华为公司质量目标、质量方针、质量战略》。华为的质量目标：让HUAWEI成为ICT行业高质量的代名词。质量方针：以质取胜，时刻铭记为客户服务是华为存在的唯一理由。华为把客户要求与期望准确传递到华为整个价值链，共同构建质量；华为遵从规则，一次把事情做对；华为激发全球员工潜能，持续改进；华为与客户一起平衡机会与风险，快速响应客户需求，实现可持续发展。华为承诺向客户提供高质量的产品、服务和解决方案，持续不断让客户体验到华为致力于为每个客户创造价值。

质量战略：从七个方面展开，分别为以客户为中心、建设先进质量文化、质量创新、发挥人才价值、与价值链共建质量、完善质量管理体系等。

华为的价值观已经开始从“低成本”走向“高质量”，质量优先，以质取胜。

2016年3月29日，由国家质量监督检验检疫总局组织实施的中国质量领域最高政府性荣誉——“中国质量奖”颁奖仪式在人民大会堂举行。华为凭借“以客户为中心的华为质量管理模式”获得该奖项制造领域第一名的殊荣。国务委员王勇出席颁奖仪式并向华为颁发获奖证书。

2014年，华为成为第一个进入全球最佳品牌百强的中国企业，名列第94名。到了2018年，已经名列第25名。

5.5 财经变革支撑业务发展

5.5.1 从“记分员”到“管控者”

华为在发展初期，其财经组织与其他公司一样，无非会计、出纳、融资等基础功能，扮演的是“记分员”角色，是数据的处理者。实际上，就是这“记分员”的角色，干得也不怎么样！

华为初期的野蛮生长，导致华为技术与华为电气、总部与合资公司、总部与一线办事处在财务制度、流程、监控、编码方面不一致，这严重影响了公司的运作效率。华为想改变，于是在1998年下半年开始启动“四统一”项目，从账务体系设计到制度、流程、监控、编码的统一。这种脱下“旧鞋”、“削足适履”穿上美国“新鞋”的行为在员工看来，是痛苦、是折磨。

顾问公司经过精心准备的最优模板，被看成是报告做得比较花哨、汇报水平比较高；顾问公司建议引入客户资信管理，但员工以目前我国法律体系不健全、中间评估机构少以及目前公司还属于抢夺市场阶段为由没有推行。

可是，华为财务很快就感知到客户资信管理的必要性。1999年下半年，华为的销售回款不理想，导致公司现金流出现问题，于是公司从财务体系派出大批人员到一线催款，这才让财务人员认识到客户资信管理的价值。

按照顾问提出的方案，计划实施取消手工记账凭证，以提高财务的工作效率，部分基层主管和员工却不接受，前后为这个问题沟通讨论不下10次，始终不能达成共识。

顾问提出实施固定资产预算管理，但部分业务人员认为公司目前计划水平还有待提高，因担心实施固定资产预算控制与管理会阻碍业务发展而放弃。

经过一年多的努力，华为终于实现子公司、分支机构、事业部、国内与国外机构在制度、流程、监控、编码的四统一，为公司发展提供了支撑。

5.5.2 从“管控者”到“服务支撑者”

制度、流程、监控、编码虽然统一了，但员工对财务体系的感知仍然很差。就拿华为的销售体系来说，员工常年在外跑业务，等回到办事处，第一件事就是贴票据，提交财务。可是，后面就是漫长的等待！你不知道什么时候能报销完，你也不知道报销进展！周末回到办事处，你想查一下进展，可是财务又不上班！于是，销售人员要记一个自己的小账，否则都没办法到财务查询。

没有及时完成报销打款，销售人员只能借备用金。但公司为了控制风险，备用金借用额度是要控制的，于是走入了死循环。这不是小事，这牵涉到每个一线员工。

2000年，华为开始大规模拓展海外市场，海外员工数量逐步增加，员工费用报销变得更加头疼。这些问题已经持续了十来年，如何才能更方便地让员工报销费用，去支撑业务市场的发展？究竟如何解决呢？

2004年年初，一位华为高管在机场看到一位旅客在使用便携机填写报销单，于是受到启发。在公司领导的重视下，华为成立了临时项目组，通过短短3个月的调研、设计、开发、测试，2004年5月8日，基于Web的随时随地的费用报销——SSE（Self Service Expense）系统，正式上线了。

从图5-1和图5-2中大家可以看到，华为报销方式从原来的串行8步，改成了并行4+2步，这实际上是华为管理思想在报销业务上的体现。它的最大的特点就是基于信任，即基于对员工的信任、基于对管理者的信任。

员工提交主管审核的可以只是扫描件。权签人审核的只是电子流，不对票据进行审核，因为主管已经审核过了。

SSE通常执行先付款后审核报销单据的流程。会计没有看到票据的情况下，可以先行支付。

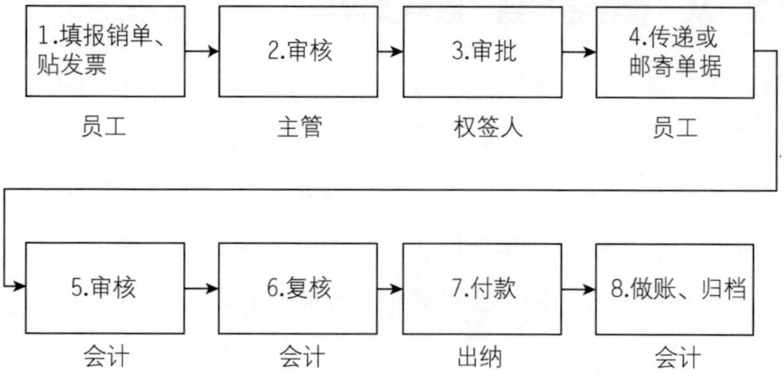

图5-1　SSE使用前

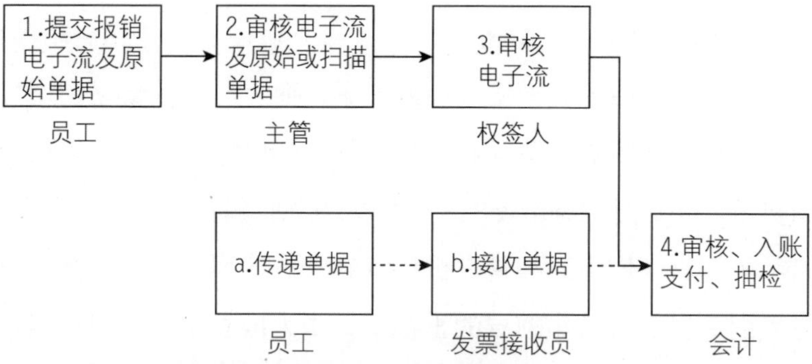

图5-2　SSE使用后

这样做的结果是报销效率得到大幅度的提高，员工满意度大幅度提升。

要想让员工产生高绩效，首要的是信任员工，给员工授权。华为一直在强调授权，不断在实践。但很多的企业，这一点是做不到的。

如何解决报销过程中的费用真实、合理、规范问题？那就是大额单据（报销金额超过5 000美元）、遵从性等级为C的报销单等实行先审核单据后付款。

每位员工在SSE中都有信用档案，将员工报销遵从性设定为三个等级，即A、B、C三级，初始遵从性等级为“B”，分值为80分。报销违规，则分值减少；遵从，则分值增加。当遵从性等级降为C时，员工就不能再享受先付款后审核的流程了。

5.5.3 从“服务支撑者”到“值得信赖的业务伙伴”

随着华为向全球市场的挺进，到了2005年，华为海外收入首次超过国内，特别是到了2007年，海外收入已经占全公司收入的72%。问题和烦恼（见图5-3）也随之而来。

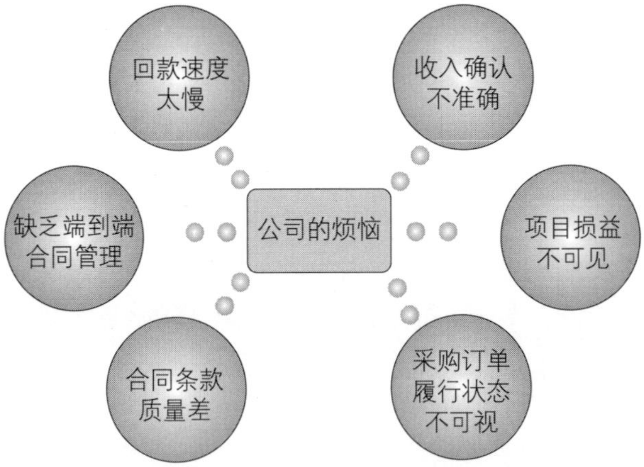

图5-3 大多数公司的烦恼

如何解决这些难题？就是对财经体系进行大刀阔斧的IFS变革，历经4年，终成大器。

华为将这次变革分成了三大步骤。

第一步：交易层面拉通

华为由于业务的复杂性，有很多其他公司无法理解的事情。亚洲、非洲的客户，他们喜欢签大合同。大合同有大合同的烦恼。大合同的场景非常复杂，设备验收没有通过之前，绝大部分款项没有收到，这意味着华为的垫资问题很严重。

小合同更烦恼！欧洲的客户喜欢签小合同。他们与你签订一个框架协议，然后就一个个小采购订单下给你，5美元、10美元，一个客户一年能下几万个采购订单。这让华为很痛苦。

解决方案工程师要根据客户的采购订单，给公司生产做配置清单！怎么做呢？他把若干个采购订单整合在一起，做成一个配置清单，这样评审等内部手续就简单了。但是，这在发货、交付过程中就麻烦了。货物与原来的客户采购订单不能一一对应，更麻烦的是后续的收款……

那么怎么在交易层面拉通呢？主要从以下几个方面着手。

（1）销售要对准验收。你怎么验收，我就怎么销售。客户会怎么验收呢？一个个基站验收，或者一个个区（一组基站）验收，那为什么不能一个个基站或者一个个区签合同呢？这样就与业务活动相联系了，简化了业务活动与合同的对应关系，简化了与对账、收款的关系，业务效率大规模提升。

（2）验收对准开票。在变革前，交付工程师把工程干完了，他的工作就结束了。他才不管能不能收到款。因为收款与对应的开票材料不匹配，常常不能及时收到款。所以，我们必须明确，交付、验收是为了收款，必须把收款对应的开票材料整理完毕。

（3）采购订单不打包。

（4）从2007年开始，通过端到端拉通客户合同和采购合同信息，全流程梳理OTC（合同到回款）和PTP（采购到付款）业务，完善并输出了一系列流程和规则，让华为的业务处理速度大大提升。

- 合同上载周期由2009年的30天提升到2012年的12天。
- 开票周期由2009年的28天提升到2012年的6天。
- 开票触发准确率由2009年的76%提升到2012年的85%。
- 收入触发准确率由2009年的53%提升到2012年的85%。

第二步：项目层面拉通

任正非曾在一次会议上说过一件事。“我听一个项目的汇报，他们一开始说亏损5 000万美元，后来又说亏损3 000万美元，最后告诉我不亏损了，到底哪句话是真的？哪句话是假的？不知道。”

IFS变革第一步解决了交易层面的问题，第二步就是要解决任正非关注的这个问题。“项目”是公司经营的基本细胞，以项目经营管理为核心，实现项目概算、预算、核算的拉通，达成“平衡风险收益、项目经营可视”的目标。

第三步：责任中心经营层面拉通

IFS变革的第三步，实际上就是华为的全面预算管理，它以责任中心为分析、管理对象。

华为在不断地努力，目标是成为价值整合者。

第6章 以客户为中心的流程变革：从偶尔成功到持续成功

华为从创业初期的床垫文化到土狼文化，从土狼文化到狮子文化，从《华为公司基本法》到任职资格管理体系，从农村市场到城市市场，从国内到国外，华为不断在不同的发展阶段进行自我否定和自我更新。正是凭借华为的不断变革也让华为从中国本土狼王蜕变为一头穿行全球的雄狮。华为的变革有一个很重要的原则和出发点，那就是一切变革都围绕市场和客户的需求变化而展开。变革的目的也是为了激活组织，持续发展。

6.1 华为管理变革：32年7 212亿元

2019年3月29日，华为正式公布2018年年报。报告显示，华为2018年实现全球销售收入7 212亿元，同比增长19.5%；净利润593亿元，同比增长25.1%。

其中，2018年华为研发费用达1 015亿元，投入占销售收入的14.1%，位列欧盟发布的2018年工业研发投资排名第五位；其近10年研发费用总计超过4 800亿元。来自世界知识产权组织公布的数据显示，2018年度，华为向该机构提交了5 405份专利申请，在全球所有企业中排名第一。

为何华为能在32年的时间内创造如此的奇迹，笔者认为，这与它的管理变革息息相关。

环境在变，市场在变，技术在变，客户需求也在变。在这样一个飞速发展的社会，企业必须根据时代和客户需求的变化来调整自己的企业发展战略和经营管理模式。因此在当今社会，企业是否能及时应对变化和坚决推动企业变革就显得尤为重要。

我们发现，不管国内还是国外，但凡优秀的企业家和优秀的企业都非常善于推动变革。三星的李健熙、苹果的乔布斯、华为的任正非、联想的柳传志、美的的何享健、阿里巴巴的马云等，这些国内外知名企业家都是推动企业变革的高手。关于企业变革，阿里巴巴创始人马云曾经说过这样一段话："不惧危机、拥抱变化是民营企业精神的核心内容。变化永远充满多变性，必须不断对灾难降临的可能性进行预测，即使没有灾难时也要做好准备。东西方哲学的核心思想就是拥抱变化、创造变化。形势好的时候要为形势不好做准备，形势不好的时候，我会调整心态，对自己说：机会来了。"

作为组织变革的先行者，华为高管团队主动充当第一个吃螃蟹的人，带头拥抱变革，承担领导责任，成为变革的催化剂。

6.1.1　变革管理的重点是消除阻力

1999年3月，"蓝色巨人"IBM与华为走到了一起。华为开启了历史上最重要的一次变革，而且由任正非亲自操刀。

但除了任正非，谁想变呢？大部分人都有自己的想法。为了推进，任正非在接下来的3个月中，对1 800多名三、四级管理者进行了培训。

自4月起，华为在《管理优化报》相继刊登了有关IPD的文章，如《走市场导向的集成产品开发之路》《集成产品开发的驱动力——市场管理》《如何了解客户的需求——$APPEALS简介》。文章中介绍："20世纪90年代，蓝色巨人IBM依靠IPD，高端产品开发周期缩短了约70%，开发费用降低达40%，利润增加了近30%……"这让华为员工看到了希望。

1999年4月，任正非又召开IPD变革动员大会。任正非在大会上说："首先，要坚决打击一知半解的标新立异者，清除不思进取的惰怠者。"

IBM顾问陈青茹女士在IPD动员大会上，也发表了题为《各部门参与是IPD成功的保证》的讲话。

1999年5月，任正非又下发《IPD工作指导方针：一定要把书面的东西变成全员的行动》。在指导方针中明确了以下内容。

- 要求公司各部门（包括华为电气）高度重视，抽派骨干人员成立核心小组、推行小组，全过程参与和推动。
- 要理解IBM真实事物本质和真谛。以核心小组为作战单位，分别针对IBM顾问小组，各有侧重地像海绵一样深入理解、消化、吸收。
- 尤其要注意学习IBM的文档体系，理解、比较，从而提高华为自身的文档体系的水平。
- IPD宣传沟通要贯穿项目全过程，大力加强IPD的宣传、推广、培训等过程的工作。把整个培训过程摄录下来，制作教材。

但是，大家仍然不重视，这在IBM顾问的资源调查会及Workshop中就可以看出来。经多次通知（发电子邮件，回执确认，部分电话通知），仍有20余人未参加会议，这严重影响了会议的效果和IBM顾问对公司现状的了解，对整个IPD项目的进行造成了不良后果，浪费了公司的资源。即使参加会议的人员，也对会议不重视：准备不足，精神不集中，发表与讨论对象无关的言论，开小会。为此，公司专门在《管理优化报》上进行了点名批评。

如何评估业务变革进展和变革带来的成效？在IPD变革之初，IBM专家给出了一套评估方法，即TPM（Transformation Progress Metrics，变革进展指标）法，它从如下四个方面来检验：

- 变革核心内容的推行进展。
- 关键的业务绩效指标。
- 公司各个组织层面对新引入的业务流程（如IPD）的执行情况。

- 公司员工为响应变革而发生的行为和文化的转变。

所以，员工是否不再抵制变革，而是积极参与？TPM的值就可以反映出来。

6.1.2　变革从目睹开始

尽管华为做了一系列消除员工阻力的工作，但一些员工（包括管理者）仍然不想变，还认为自己做得很好。怎么办？

1999年6月4日，研发和技术支援两个部门共同组织研发系统项目经理以上人员到技术支援部坏件库，召开“研发坏件”现场办公会。这个库占用了资金4 000万元，相当于年开发经费的10%。这些坏件都是经过生产、运输、安装各环节，在用户那里运行，出现了很多问题，然后又在局方的机房午夜12点的时候被换回来的，每一块单板都有同样的经历。

问题出在哪里？

第一，设计水平低下，但这不是主要原因。

第二，更主要是因为产品观念、商品意识、问题意识、市场意识的淡薄，以及投资意识的淡薄。

第三，应该加强研发体系价值评价导向上的牵引力度。

第四，规范化管理力度不够，随意性大。

第五，整个队伍依然非常幼稚。

一年半后的2000年9月1日下午，在IPD即将启动试点前，为了强化研发体系对规范、流程的认知，华为公司党委组织了“研发体系发放呆死料、机票活动暨反思交流大会”。公司领导、研发体系全体在深圳人员和其他部门科以上干部6 000余人参加了大会。

在这次“呆死料”大会上，将近年来因研发工作失误而产生的一些呆死物料，以及不少研发、工程技术人员因此而奔赴市场前线现场“救火”的往返机票，作为“奖品”发放给来自各产品线的研发骨干人员，对广大员工进行一次深刻的思想教育。

资料部主管在领奖现场讲：“公司每年花在资料印刷、发行上面的费用达数千万元，而我们却生产出这么多白色的垃圾。用户对我们的资料不满意，公司员工对我们的资料也不满意，资料开发部作为资料开发的责任主体，对此负有不可推卸的责任。知耻而后勇，在此，我代表资料开发部全体员工，深刻反思并表态：一年之内，资料工作要打一个翻身仗，让我们的资料也做成一流。”

结构部主管讲：“今天，我们站在这里面，对着十箱杂草丛生般的结构件，我们每个结果设计人员应该感到震撼。因为，这不是我们辛劳的成果，而是公司资源浪费和信誉损失的源头。通过我们今天的大会，我们应该猛醒，我们将用我们加倍的努力，在未来的一年中，为公司产品结构件的标准化、模块化打下坚实的基础。”

任正非在会上发表了题为《我们为什么要自我批评》的讲话。他说：“研发若是后矛而不是后盾，那么对公司构成的威胁是致命的。开发是源头，我们本该‘在设计中构建技术、质量、成本和服务优势’，但结果说明，我们没有很好地完成自己的使命。”

这是一场反思的大会，一场超越的大会，它将作为华为研发体系走向成熟的分水岭，作为华为研发体系成长的里程碑，被所有华为人铭记！

要想让员工改变，仅仅进行分析、思考是不行的！通过老板下命令，也是不行的，正如领导力大师约翰·科特所说：应该目睹，让相关人员目睹自己的错误、问题，让他们感受到改变的压力，发自内心认识到改变的意义。

6.1.3 先僵化，后优化，再固化

1999年，华为刚把IBM相关人员请来的时候，第一个反对的声音就是：IBM又不做通信，我们能向它学习什么？

我们来看一看IBM，它从1993年开始，通过IPD集成的产品开发流程重整，使IBM彻底摆脱了20世纪90年代初面临的困境。IBM的市值从1994年的430亿美元上升到1998年的1 690亿美元；研发费用从1994年的61亿美元下降到1998年的56亿美元，而1998年取得的专利总数2 658项比1994年的1 298项的

两倍还多；硬件产品开发周期从1994年的平均4年下降到1998年的平均16个月，有的产品开发周期只有6个月；1998年硬件产品赢利112亿美元，彻底改变了硬件产品严重亏损的局面。

华为的一些所谓“聪明人”看到没有办法改变，只能向IBM学习了，反对者的声音又变了：IBM的东西怎么这么复杂，我们能不能简化一下？

任正非在1998年专门写了一篇文章《我最痛恨“聪明人”》。任正非在文章中写道：“我最痛恨‘聪明人’，认为自己多读了两本书就了不起，出于投机或急于求成的心理，写大篇幅的文章和建议，这是不做实的表现……我们引进了一双美国新鞋，刚穿总会夹脚。我们一时又不知如何使它变成中国布鞋。如果我们把美国鞋开几个洞，那么这样的管理体系我们也不敢用。因此，在一段时间内我们必须削足适履……管理是一场革命，革命是要付出代价的，要从自我批判开始，然后才能去吸收别人的优点。”

1999年4月，任正非在IPD动员大会上，发表了《学习IPD内涵，保证变革成功》的讲话。任正非一开始就讲道：“首先，要坚决打击一知半解的标新立异者，清除不思进取的惰怠者。”“我们让大家去穿一双美国鞋，让美国顾问告诉我们美国鞋是什么样子，到中国后，鞋是不是可以变一点儿？现在只有顾问有权力变，我们没有这个权力。”“世界上还有非常多的管理，但是我们不能什么管理都学，什么管理都学习的结果只能是一个白痴。因为这个往这边管，那个往那边管，综合起来就抵消为零。”“我们这些年的改革失败就是老有新花样、新东西出来，然后一样都没有用。因此我认为踏踏实实，沉下心来，就穿一双美国鞋。”

1999年8月，任正非在IPD第一阶段最终报告汇报会上，做了《IPD关系到公司未来的生存与发展》的讲话，他讲道：“引进要先僵化，后优化，还要注意固化。在当前两三年之内以理解消化为主，两三年后，有适当的改进。”“我们是要先买一双美国鞋，不合脚，就削足适履。要先僵化后优化。”

6.2 华为为什么要穿“美国鞋”

6.2.1 JK1000的惨败

JK1000是华为1992年投入巨资开发的针对中国电信使用的电话交换机，它采用的是传统的空分模拟技术（一种电话交换机技术）。这套产品的设计一是基于华为当时的技术储备，二是基于华为对于当时中国电信市场的判断（当时，中国的固定电话普及率非常低，仅为1.1%，而欧美发达国家的普及率达到了90%），因此华为预测2000年左右中国的电话普及率只能到6%左右，这样看来传统的模拟交换机会是当时中国通信市场需要的产品。

但是，令华为没有想到的是，随着中国通信市场的需求越来越大，随着计算机技术的日益成熟，传统的模拟交换机已经不能适应未来的发展。西方公司西门子、阿尔卡特等在1993年就已经向市场推出技术更加先进、功能更加强大的数字交换机，所有这些都让华为第一款完全自主开发的产品成为竞争对手的炮灰。

最可怕的是，由于JK1000的惨败，导致华为1993年的现金流出现极度困难，甚至到了发不出工资的窘境。

失败并不可怕，及时对失败进行总结和反思会让自己更加强大。那么华为从这次惨败中获得了哪些教训和经验呢？

教训一：知己知彼，方能百战不殆

1992年的华为研发JK1000产品可谓闭门造车，缺乏对于竞争对手的了解和研究，特别是缺乏对于竞争对手产品和技术的研究。正因为这样，华为对于当时的中国通信市场做出了错误的判断。但是从这个产品惨败之后华为认识到了对于竞争对手分析的重要性和必要性，华为在内部抽调优秀的研发骨干成立了相应的部门，加强了对于竞争对手产品信息的收集和分析，竞争对手的产品资料、宣传画册、展会资料等都是华为重点学习和研究的对象。不仅这样，华为在分析和研究竞争对手的同时也进行着技术的更新与创新。

教训二：市场是检验产品的唯一标准

JK1000的惨败让华为认识到产品必须满足客户需求，而不是凭空想当然地推出自己认为是好的产品，“市场是检验产品的唯一标准”。“客户永远是对的，他需要什么，你就应该给他什么，而不是先造出一个产品，然后去寻找可能需要它的客户。”

教训三：品质是产品永恒的话题

华为的JK1000凭借华为人的苦口婆心和持续努力终于在中国的偏远农村卖出了200多套。尽管销售少，问题却很多。华为强烈意识到产品品质的重要性，于是一方面请日本品质管理专家为华为进行培训和辅导，另一方面也组织研发部和生产部去日本标杆企业参观学习。

6.2.2　1997年前华为之痛

华为针对流程的变革是从1997年开始的。1997年，任正非第二次带领高管到美国学习，在美国期间，华为特意选择了IBM、惠普、休斯电子和朗讯四家企业进行参观学习，其中任正非从IBM身上受到的震撼和启发最大。IBM一位副总裁用了一天的时间介绍了自己的研发管理模式，并对研发项目的概念、计划、开发、验证、发布和生命周期等六个阶段的管理进行了全面的介绍。这一整天的介绍让任正非如获至宝，IBM的这套IPD流程恰好戳到了华为的痛处。

1997年，华为的营业收入飙升到40亿元，员工也从1987年的6个人扩充到6 000人，华为每年也会拿出不低于营业收入的10%进行研发。但是，任正非心里很清楚，在研发费用每年翻番增长的同时，研发的效率却逐年下降，华为很多产品在开发出产品之前就已经失去了商业价值。舍得投入，却不知道究竟该投向哪里，以及如何对研发投入进行合理和有效的管理！这些都是摆在华为面前的难题。

1997年，华为同时面临着市场环境复杂化和对客户需求响应不足的双重压力，这成为华为必须进行流程变革的原动力。

通过诊断分析，华为发现企业管理存在以下严重问题：缺乏准确、前瞻的客户需求关注，反复做无用功，浪费资源，造成高成本；没有跨部门的结构化流程，各部门都有自己的流程，但部门流程之间靠人工衔接，运作过程割裂；组织上存在本位主义、部门墙，各自为政，造成内耗；流程作业不规范，依赖英雄，这些英雄的成功难以复制；项目计划无效，项目实施混乱，无变更控制，版本泛滥。

类似问题也曾出现在IBM身上，20世纪90年代初，IBM是全世界除政府以外最复杂的机构之一。它的规模巨大，业务范围分布广泛，还有遍布全球的客户和不断更新的技术，这曾让高层理不清头绪。而且IBM内部“官僚主义”盛行，部门利益高于整体利益。1993年，郭士纳空降IBM，对这家亏损严重的企业进行了大刀阔斧的变革，其中包含研发流程变革、供应链流程和服务流程变革等，这些变革成功推动了这家巨无霸企业走上了从技术向市场转化的商业路径，使企业的各个环节成为一个有机的整体。

基于IBM的成功变革经验，任正非决定全面向IBM学习。1998年，华为与IBM合作了“IT战略规划”项目，并以此为基础，规划了华为3~5年需要开展的业务变革与IT项目，其中IPD和ISC是两个最核心的变革项目。

6.2.3 华为要穿“美国鞋”

确定了变革的项目，但是如何去推动企业的变革呢？这恐怕是所有企业家都很头疼的问题。变革的最大阻力不是来自外部，而是来自组织内部原有的观念，因此企业变革的第一个步骤就是要设法使组织内部产生强烈的紧迫感和危机感。

IBM的顾问刚开始在华为内部进行概念导入的时候，华为许多员工和领导经常借机迟到和早退。许多员工在不明白IPD到底是什么的时候就开始质疑和提出许多问题，许多高层领导甚至认为IBM这一套方法并不适合华为。总之，IBM在推行集成产品研发这套流程的时候遇到了前所未有的阻力和压力。

面对这样的变革压力，任正非个人强大的领袖魅力和影响力发挥了关键的作用。项目刚刚开始一个月，任正非就在公司IT建设的会议上异常严厉地指出："我最恨'聪明人'，认为自己多读了两本书就了不起，有些人还不了解业务流程是什么就去开'流程处方'，结果流程'七疮八孔'老出问题。我们坚决反对搞中国版的管理、华为特色的管理。所谓管理创新，在现阶段就是要去消化西方成熟的管理。"

1999年，任正非在一次会议中明确提出："我们要坚决打击一知半解的标新立异者，清除不思进取的懈怠者。我们让大家去穿美国鞋，让美国顾问告诉我们美国鞋是什么样子。我们要先买一双美国鞋，不合脚，就削足适履。"

紧接着，任正非明确了管理变革三步走：先僵化，后优化，再固化。最开始的两三年以理解消化为主，"削足适履"，完全照搬。之后再进行适当的改进，最后形成自己的特色。

正是在任正非如此强有力的推动下，IPD才得以在华为内部开始慢慢推行和应用。如果说任正非是华为变革第一推手的话，那么华为当时的董事长孙亚芳可谓急先锋，为了让IPD在华为更有效地推行，任正非任命孙亚芳为变革小组的总指挥。早期IBM的顾问组织的许多会议，孙亚芳都全程参与和主持，还经常跑去和顾问交流，正是由于华为高层领导对于变革的空前重视和投入，华为内部员工也开始重视起来。在华为内部，一种学习IBM的氛围逐渐形成。

华为用这种看似极端的强硬方式推行IPD，整个业务流程变革历时5年，耗资10亿元，涉及公司价值链的各个环节，是华为有史以来影响最为广泛和深远的一次管理变革。通过此次变革，华为用10年时间使公司各项工作与国际接轨，管理水平达到国际水准。

正是凭借任正非强势的推进和孜孜不倦的灌输，最终让IPD业务流程变革在华为取得良好的进展。IPD在华为的成功推行给华为带来了以下几点收获：

- 有效整合产品研发相关环节的资源，形成统一团队。
- 建立严格的产品研发审议监控机制，避免盲目立项、盲目开发。
- 打通了产品线各个环节，形成产品研发过程中的信息传递通道和机制，形成产品需求以及问题的高效反馈和跟踪机制。
- 真正形成了市场驱动、产品效益考核的机制。
- 使公司能够准确把握成本投入与效益产出。

在IPD成功推行的同时，华为于2003年又开始推行IBM的ISC管理体系，于2008年推行IBM的集成财务管理模式。正是凭借华为持续不断地推进业务流程优化与变革，也才有了华为研发效率的提升和业绩的快速增长。

与此同时，在华为内部开展的IPD、ISC等业务流程变革也从试运行进入全面推广期。实际上，通过先进的管理方法应用，华为从研发效率、研发产出、供应链等多方面大大提升了公司的竞争能力。

6.2.4 从个人英雄到群体英雄

华为早期的产品开发，跟很多公司大同小异，既没有严格的产品工程概念，也没有科学的制度和流程，一个项目能否取得成功，主要靠“英明”的领导人和运气，靠的是“个人英雄”。换句话说，产品开发能否成功，有很多不确定性和偶然性。

IPD的引入使华为的产品开发，从小作坊式的模式走向规模化、流程化、可管理、可重复。IPD流程科学地管理产品开发的过程，把从客户需求提出到客户需求满足的过程划分为几个阶段和决策评审点，并定义了相应的流程、规范、工具和方法。在IPD流程下，开发人员不能再想干什么就干什么了，开发活动是有计划、管理和控制的，大家按照流程和规范来行动，这确保了产品开发的可控和透明。

IPD从商业投资的角度看待产品开发，强调产品组合管理、聚焦和取舍、端到端、团队运作和管理，强化了把能力建在组织上，确保把一个产品的成功开发复制到其他产品，而不再靠运气。

当今的世界不再是一个人能单打独斗闯天下了，产品的成功必须依赖于一个团队，必须依赖群体英雄，而不是个人英雄。只有管理制度和流程、人才和文化，彼此形成稳定的三角，才能让英雄“倍”出，让成功可以复制。

6.3　不断优化流程，提高工作效率

华为经过几年的野蛮生长，已经到了逐步规范的阶段。1994年上半年，华为作为特区的高科技企业，开始大力推行ISO 9000工作，并在《华为人》发表文章《ISO 9000不是一张证书》。在当时绝大部分企业还没接触过ISO 9000的情况下，华为能发出这样的声音，实属不易。

到了1996年，华为对流程的认识再上新台阶，开始思考业务流程重整与企业变革，开始思考如何打破部门墙。1997年年初，华为专门成立了业务流程重整领导小组、业务流程办公室，分阶段、分步骤地进行流程重整，并制订了实施策略与计划，对现有业务流程进行分析并提出改进方案，制订设计方案、列出详细的重整任务与行动计划，最后实施运行及验收总结。他们相信：通过花大力气，投大精力，一定可以解决部门与部门、事与事、人与人之间的关系问题；打破部门之间的界限，提高作业效率，减少环节与协调，杜绝“肠梗阻”。让流程准确、弹性、简单，又能解决问题。

任正非美国之行后，对业务流程有了一个更高的认识。为提升员工对流程价值的认知，1998年加入华为的陈培根教授，在1999年年初连续发表三篇文章：《时代呼唤职业管理家：企业业务管理流程优化研讨之一》《莫把约定俗成的过程当流程：企业业务管理流程优化研讨之二》《金刚石矿和流程：企业业务管理流程优化研讨之三》为IPD变革鸣锣开道。

华为决定彻底穿上美国鞋。1999年3月到4月底，IBM的顾问分5次对公司四级以上管理者做了IPD理论和IPD在IBM实施概况的培训，共有200余位来

自公司各大部门的高层管理者参加了培训。

5月中旬开始，由IPD核心项目组成员担任培训老师，对公司所有三级以上管理者进行了IPD方法论的培训，旨在使各级管理者了解IPD的基本概念、IBM如何通过IPD取得辉煌业绩、各功能部门在IPD中的主要作用以及今后职责的定位等，累计参加人数1 600人。

到了1999年8月，IBM的顾问通过研讨、访谈和问卷调查等多种方式全面审视了华为产品开发的现状，从以下十一个方面指出了华为在产品开发领域与业界最佳企业之间的差距。

- 业务策略和市场管理：与世界级竞争对手相比，华为目前还缺少全面的业务策略和正规的市场管理能力。
- 市场需求：缺乏好的、及时的市场需求是项目方向改变和产品失败的最主要原因。
- 系统工程：在产品开发中没有用到系统工程是导致项目方向改变和产品失败的第二大原因。
- 项目管理：项目管理中存在的问题是“项目计划的无效、项目实施的混乱”。
- 结构化流程：没有很好地定义和连接产品开发的各阶段；没有很好地定义决策评审点，决策条件不清晰。
- 组织：项目组不是跨功能部门的；项目组是一种“轻量级”团队结构，项目经理没有权力影响其他功能部门。
- 技术管理：将复杂的技术研究（预研）与产品开发过程糅合在一起，导致产品开发延迟、开发成本超额。
- IT使能器/工具。
- 管道管理。
- 技能。
- 衡量标准。

2000年4月，IPD进入第二阶段，即设计未来的流程、组织和IT，并引导四个试点产品开发团队（Product Development Team，PDT）对流程、组织和IT进行验证，摸索IPD模式下产品开发的经验。

在IBM的帮助下，端到端产品开发流程分为六个阶段：概念阶段、计划阶段、开发阶段、验证阶段、发布阶段、生命周期阶段。

四个决策评审点：概念决策评审点、计划决策评审点、可获得性决策评审点、生命周期终止（End of Life，EOL）决策评审点。华为决定选择四个项目作为试点。第一个试点的项目就是移动交换机VMSC6.0，它承担着产品成功与流程实践的双重职责。试点工作从2000年5月19日开工，在顾问的引导下，经过了五个阶段（概念阶段、计划阶段、开发阶段、验证阶段、发布阶段），通过了集成投资组合管理团队的三个决策评审点（概念决策评审点、计划决策评审点、可获得性决策评审点）及由系统工程师组织的六个技术评审点，于2001年4月28日向市场发布，5月4日达到GA点（一般可获得性）。这是第一款按照IPD流程开发的产品，它取得了巨大的商业成功，在中国的市场占有率达到80%。它给华为坚决贯彻IPD的方针奠定了基础。

2002年年中，华为全面推行IPD。据后期统计：2001年，华为的产品缺陷率是17%，到了2006年，产品缺陷率下降到1%。这就是IPD推行的价值。同时，也为2003年英国电信采购认证团对华为进行战略供应商的认证提供了支撑。

英国电信采购认证考察团通过12个要素的审核，对华为管理体系的方方面面进行了解剖：

- 华为是否有成熟的自上而下的业务策略、商业计划和关系管理能力——从价值链管理角度观测。
- 华为是否有统一的端到端流程体系和高效的执行能力——从具体业务交付能力角度观测。
- 华为是否有符合国际通用标准的采购管理——从低风险、健康的供应链管理的角度观测。

经过四天的认证，华为成为英国电信的战略供应商。

流程优化是没有终点的。IBM给华为一套评价标准，满分是5分，目前华为只有3.8分，华为还有很大的改进空间。

6.4 按流程进行责任和权力的分配

流程变革作为企业管理变革的一部分，基于组织发展需求，解决组织所面临的最紧急重要的内部问题而启动。流程变革可能是对流程进行全面梳理和优化，也可能是放弃旧流程，重新搭建新流程。不管是哪一种方式，都需要明确流程节点上的角色，并对其责任与权力进行重新定义。

如果说企业变革的本质就是利益的重新分配，那么流程变革的本质，就是对责任、权力和资源的重新分配。

华为进行了多次大型的公司级管理变革，包括IPD、IFS、ITR、LTC等，每一次变革都对流程体系进行端到端打通，基于新流程一次次进行流程节点上的角色设计，明确责任与权力，淡化功能组织的权威，促使业务流程能够保持“以客户为中心”的总导向。

任正非认为，华为在管理上的突出表现是建立了一套无生命的管理体系，通过规则与制度应对不确定性。业界认为华为正是采用流程化的组织克服了几乎所有民营企业面临的人治难题，那么，什么是华为的流程化组织？基于核心价值观从业务需求出发进行流程优化，根据流程设计设置角色，从而进行权力、责任与资源的分配，就是华为的流程化组织。

业务不断地发展与裂变，推动华为持续进行变革，不断进行流程重组与优化。例如，华为在2017年6月，经过华为变革指导委员会的讨论，终于关闭的LTC（Lead to Cash）变革项目。

历时9年的LTC变革项目包含销售、交付、供应、采购、财经等一线核心业务的集成，适配业务场景遍布全球，华为在项目中投入的人力、物力、财力不做赘述，可感受其项目的复杂与艰难。需要强调的是，变革项目组的关闭，是代表LTC变革通过了项目验收，经过9年的项目运行，基本打通了主业务流，从此进入正式运作。变革项目组的关闭，是项目组的关闭，却是新业务流程的全面启动。

LTC全流程，就是“从线索到现金”的销售端到端全流程，是从客户初相识到交易完成的全过程。在2005年华为海外业务高速发展时，海外业务运营出现很多痛点亟待改善，也收到不少客户的投诉和抱怨，如何能够抓住机会点，满足客户需求，实现客户理想，快速开展业务，是华为“以客户为中心”的变革初心。在任正非“让听得见炮火的人做决策”的指导思想下，基于LTC的销售流程的“铁三角模式”也在这次变革中不断成形与完善。

所谓“铁三角”，是从客户角度来看的一个代表华为的组织，其中包括三个主要角色，即客户经理、解决方案专家、交付专家等。通过这个组织的运作，能够即时收悉并理解客户需求，提供有效解决方案，协助客户解决问题，从而提升客户满意度。

铁三角不是一个传统意义的组织，是一个模式，铁三角里面的“三角”代表的是角色，不是具体的职位，但是每一个角色切实地在整个LTC销售流程中承担具体的职责，行使流程所赋予的权力。铁三角是华为一线最小的作战单位，在客户面前代表着华为，在华为内部则代表着客户。

LTC销售流程从大的层面看，涵盖了客户群规划、合同签订、合同履行、合同关闭四大阶段，包含了无数的流程，涉及公司各部门的运作，也可能因为销售项目的时间因素历时漫长。采用铁三角模式，是为了让客户在整个流程中能够时刻与华为保持畅通的联系与合作。铁三角角色由此需要出现在与客户产生互动的每一个流程中，不能缺失。同时因为角色不同，分工有所侧重，在每一个流程中承担的责任不同，权力也不同。

例如，在市场线索管理中，客户经理角色是责任人，解决方案专家角色为主要参与，交付专家角色为中度参与，所以在线索管理中，权力与资源都会由客户经理角色管理与分配，相应的责任也是由此角色承担。再如，细化一些，项目进入子流程的解决方案制订，解决方案专家就成为责任人，由其对接客户需求并整合公司内部资源进行解决方案制订，这个阶段客户经理角色与交付专家角色就成为主要参与人。到了合同履行阶段，交付专家角色就成为责任人，切实承担起安装、调试、验收等工作，客户经理角色与解决方案专家角色根据项目需求参与其中。

基于流程变革来梳理流程节点，进行角色定义，从而进行责、权、物的分配，在分配的过程中避免产生混淆和冲突，与核心价值观保持一致，这是华为流程变革的再分配基本逻辑。

要注意的是，流程变革和公司的业务运营模式强相关，上面的“铁三角”的举例是基于华为的运营商业务模式，未必适用其他公司。就具体操作来说，哪怕在华为内部，不同区域或不同产品线的业务特点也会有所差异。简单举例来说，铁三角指的是三个角色，不是三个人，对于大项目，很可能不止三个人（岗位），那么应对流程角色，就需要更加具体；相应的，对于一些小项目或者项目初始阶段，可能会一个人（岗位）承担两个角色，哪一个人承担哪一个角色，需要通过销售项目管理进行明确。

流程变革是为了更好地服务客户，流程是业务运作的工具，但是和其他工具一样，如果使用不得当，也难以取得很好的效果。

华为的《管理优化报》曾经刊登过一篇文章《一次付款的艰难旅程》，内容反映了一线作为赞助商在向客户预付款时遇到审批多、流程复杂的问题，引起了华为内部的激烈讨论，最后引发任正非怒发“檄文”：“不知从何时起，财务忘了自己的本职是为业务服务、为作战服务，什么时候变成了颐指气使，皮之不存、毛将焉附。我们希望在心声社区上看到财经管理团队民主生活发言的原始记录，怎么理解以客户为中心的文化。”财务部门的同事则觉得委屈，认为财务部只是作为流程执行人按操作工作。

虽然管理与业务必然存在冲突和矛盾，但就此付款流程上出现的问题，确实是流程节点上的责任被忽略。流程节点执行人需要理解，责任究竟是什么，在行使否决权的同时，有责任去协助一线解决问题。执行人的工作不仅仅停留在电子流的“YES”或者“NO”上，要真正浸入业务理解需求，帮助一线解决问题。流程执行者如果只是简单地基于文档或者数据来执行工作，这个工作就是操作族的工作，这个流程节点是否需要设置尚待商榷。为什么要设置节点执行人？这往往意味着在这个节点上有需要进行考量和平衡之处，YES或NO，A或者B，都意味着责任，执行人的责任是最终能够满足客户需求。

责任与权力对等，责任也意味着风险，这里提到的跳出数据和文档框架不是让执行人滥权，而是需要能够当责。在管理中，没有完美的流程，也没有能够涵盖所有业务场景的流程，是否能够将流程这个工具使用到最优，依靠的是流程执行人的专业素养和责任心。华为的流程，要求执行人在具体业务场景中，根据自己的经验与专业素养给出决策意见，不能在有风险或者麻烦时，推开责任，拖延决策，导致公司浪费资源、破坏客户满意度，甚至丧失机会。

所以，流程赋予执行人权力，更需要执行人理解责任所包含的深刻意义，流程执行人需要时刻牢记流程是工具，核心是以客户为中心，为企业的业务服务。

第7章 以客户为中心的组织建设：把“游击队”变成“正规军”

企业存在的价值是满足客户需求，实现客户价值，从而给自己带来价值。所以，企业的组织建设必须以客户为中心，充分满足客户需求。如何体现以客户为中心？就是基于流程来建设组织，因为流程源于业务流，它反映出业务的本质。华为一再强调“建设从客户中来，到客户中去的流程化组织”，其根本就是要建设以客户为中心的组织。

7.1 清晰的组织定位和职责

企业内部各个部门，常常出现职责不清晰。例如，A部门负责，B部门也负责；名义上是A部门负责，实际上工作是B部门在做。

有一家生产制造型企业，它的生产中心下设计划调度物控部、工艺部、品质部、项目管理部、零部件制造部、总装集成部。整体来看是总装集成效率很低。把各个部门的工作打开来看，发现：计划调度物控部分成三个模块（基础件计划、通用件计划、专用件计划），他们各自从系统上下载自己负责的零部件物料清单（Bill of Material，BOM），给零部件制造部下单生产，这样导致的结果是零部件没有齐套性。一部分零件做好了，另一部分还没下单，甚至到了总装阶段，还有个别零件没做好。

为什么会出现这种情形？计划调度物控部没有清晰的定位和职责。计划调度物控部究竟应该对什么结果负责？当然是为按期把设备交付给客户负责。为了实现把设备按期交付给客户，计划部应该做什么动作呢？

首先，审核BOM清单的完整性。如果漏掉一个零件，交付就会延迟。其次，确定零部件的齐套时间。各零件的加工周期是不一样的，不应该在同一个时间下单生产，而应该根据零部件的加工周期，在不同的时间下单生产，目的是在同一个时间完成零部件的加工，这就是齐套性。

一个组织的设置，首先要回答五个问题，否则它的定位就不够清晰，即通过……（动作），达到……（目标），提高……（绩效），确保……（成果），对……（结果）负责。

通过研讨，最终确定计划调度物控部的定位：通过产能分析、产能布局、主计划排产、项目计划排产、物控管理、物料齐套管理、仓储管理（含预防和降低呆滞物料），提高生产效率和零部件库存周转率，对零部件齐套性负责，确保项目按期交付。

这样，我们就知道计划调度物控部究竟该干什么了。在此基础上，我们再来讨论该部门的主要职责。

为什么必须先想清楚部门的定位呢？就是确定它的独特价值。例如，华为销售与服务管理团队，它的独特价值就是：

- 直接面向客户的团队，实现公司与客户的双赢。
- 对外代表公司建立良好的客户界面，实现公司的商业目标。
- 对内代表客户牵引内部资源，使客户需求得到优先满足。

我们再来看一个案例，华为各体系/部门都有人力资源业务合作伙伴（Human Resource Business Partner，HRBP）这样一个部门，它的独特价值是什么呢？

它的独特价值是：传承公司核心价值观，聚焦该体系/部门业务面临的压力和挑战，提供专业化、客户化的人力资源解决方案和服务，共同打造激情、团结、奋进的高绩效团队，有效支撑该体系/部门产品线战略与业务的持续成功。也就是要：

- 促进商业成功。
- 实现人力资本增值。
- 提供解决方案和服务。
- 传承公司核心价值观。

再来看华为最有特色的组织“铁三角”。这样一个面向客户的销售项目型组织，怎么定位它？

华为给它的定位是非常有特色的：

第一，代表华为（成就华为，实现公司的经营目标，挖掘新商业机会）。

第二，代表客户（成就客户，帮助客户创造商业价值，保证合作过程的顺畅平滑）。

华为基于这样的定位，给铁三角的目标就是双赢。否则，华为提出的以客户为中心，就没办法落地。

7.2 研发：从以产品线为中心到以解决方案为中心

华为1995年开始海外拓展，历经10年拼搏，2005年，华为海外收入首次超过国内，这让华为进入了新的发展阶段。随之而来的是，一些大客户的大门开始向华为打开。马来西亚电信就是这些大客户中的一员。

随着竞争加剧和技术的发展，马来西亚宽带市场发展迅速，宽带用户快速增长，马来西亚电信的网络已无法满足宽带市场爆炸性增长的需求。为此，从2005年起，马来西亚电信网络，无论是核心层，还是接入层都开始向全IP网络转型，向开放可赢利的宽带全业务网络演进，华为就是马来西亚电信眼中能帮助他们实现这一转型的合作伙伴。

2005年，华为开始参与到马来西亚电信的全IP网络转型项目中，到了

2008年，华为已经成为马来西亚唯一的端到端网络及业务供应商，新建份额超过70%。但是，问题也来了：

- 华为与客户的责任界面不清晰。
- 华为对客户的需求的承诺不能及时兑现。
- 公司内部协同、配合不足。
- 一线对研发的求助不能得到及时响应等。

2009年到2010年，问题在不断积累、不断扩大。代表处层面没有解决，地区部层面还是没有解决，于是客户首席执行官忍无可忍，终于在2010年10月5日爆发，向华为董事长孙亚芳发出投诉信。

孙亚芳在8月15日的“马电反思会”上如此总结：“客户发出投诉信后，各级主管关注的焦点不是解决问题，而是关注如何回复邮件，这是严重的本末倒置。”

马来西亚电信项目的问题，凭代表处的能力是无法解决的，凭地区部的能力也是无法解决的，总部的一些部门也无法解决。关键是，他们没有推动公司解决，也没有站在更高的高度关注问题，并推动解决。

马来西亚电信项目问题，深及根因，归结起来，实际只有两类。

- 对“以客户为中心”的曲解：未能理解客户的真正需求，以为只要是客户需求，就要满足；过度承诺，重销售，轻交付。
- 集成交付能力不够：多产品、多厂商、多业务、多项目群构成了马来西亚电信项目的特点，但缺乏计划集成和多部门协同作战的项目群管理能力；项目管理是“段到段”，未能“端到端”。

为什么集成交付能力不够？因为从源头开始，华为的研发就是以产品为中心。

任正非在2010年PSST体系干部大会上说：“我们现在提的无线解决方案、网络解决方案，其实都是以技术为中心，不是以客户为中心。客户需要的是一个综合解决方案，它可以是华为做得好的东西，也可以包括华为从外面买进来的东西，只要满足其需求。我们的产品研发是这样，我们的交付，也是这样。每个人只关心自己负责的产品，没有人站在全局，站在客户视角考虑问题。在2005年前，我们销售给客户的是一个个产品，但随着华为的发展，客户对华为的期望在变化，客户希望我们是领导者，能为其带来跨产品、跨项目，甚至于跨厂家的管理与服务。"

"然而，不幸的是，一直到现在，华为很多员工还是像以前卖产品那样卖得很爽，还是按照以前的按孤立项目的交付方式在交付，我们的交付流程也是基于孤立项目交付，根本没有按解决方案交付的流程。"

于是，从2010年开始，华为针对业务变化，开启了流程与组织的改革，以客户的视角重整研发组织，成立了运营商解决方案部、企业解决方案部和消费者解决方案部。在交付组织中，专门成立了项目管理办公室，对客户整体解决方案的研发、交付负责。

一个企业的流程、组织应该随着业务的变化而调整，而不仅仅是业务从单一走向系统。此外，在这一变化过程中，客户对你的期望也发生了变化。什么是以客户为中心？去满足客户需求，超越客户期望，为客户创造价值。

7.3 机关：从事业部到矩阵管理再到大平台

7.3.1 探索事业部制

华为创立于1987年，经过几年的高速发展，业务类别越来越多。用户交换机、局用交换机、高频开关电源成为华为的市场主力军。同时，华为也开始在新业务（112、114、800等）上进行拓展。各业务如何更好地发展呢？1995年年初，华为开始试水当时非常流行的事业部制。

当时，华为认为电源是最好的试点业务，于是在1995年3月，电源事业部正式成立。它是华为体制改革上的一件大事，是华为顺应潮流的结果，必然会促成公司整体向更高、更快、更强的方向发展。

后来，华为又以交换机作为事业部进行体制试点，在华为内部称为交换事业部。华为希望充分发挥事业部优势，但实际上，得到的更多是事业部的劣势。

任何一个体制，都有它的优点和不足。华为追求的是效率、人力资源的高效复用。

7.3.2　从事业部到矩阵管理

到了1995年下半年，公司开始思考建立“大市场、大系统、大结构”的发展模式。在此过程中，公司越来越认识到管理上的问题。其中最紧迫的问题之一是，如何在大发展阶段仍然保持高效、活力的机制。于是，矩阵管理模式进入公司高层视野。

当时，华为引进了企业管理信息系统MRPⅡ，但花了很长一段时间，进展并不顺利，效果也不明显。其主要原因如下：

- MRPⅡ引进工作十分复杂，牵涉面广。
- MRPⅡ的引进是为改善公司生产体系效益服务的，但各部门并不配合，总觉得这是管理信息中心的事情。管理信息中心根本无权对其他高级或同级职能部门提任何要求。这样MRPⅡ推行就没有了组织保障。

这个问题如何解决？那就是矩阵式管理。

矩阵式管理于20世纪60年代在西方发达国家中产生。由于科学技术的发展，企业规模的扩大，工程、项目日益复杂化，多学科多专业需共同配合，传统的组织模式，如直线式组织、职能式组织和直线职能式组织等已远远不能满足现实的需要，因而矩阵式组织应运而生。

矩阵式组织具有以下优点：

- 分工明确，业务熟悉，便于多学科、多专业的交叉融合。
- 决策迅速，可靠程度高。
- 最高层可摆脱日常事务。

- 中间层次少，横向职能的联系加强。

7.3.3 从矩阵管理到大平台

从2010年开始，华为的业务主航道“运营商”面临着巨大的增长压力，这对华为来说是挑战，因为华为一直追求“有效增长”。华为必须找到下一个增长点，那就是消费者业务和企业业务，于是，在2012年华为成立了三大BG，即运营商BG、消费者BG、企业BG。

问题来了，华为一直遵循的矩阵管理遇到了挑战。华为的矩阵管理是以职能组织为主，靠强大的组织推动力，带动整个“马车”前进。现在三大BG，战场进攻面宽了，力量传递出去逐层衰减。同时，对于新“消费者”领域，华为的客户变了，从2B转向2C；组织/个体能力需求变了，各区域/国家不一样，每款产品的生命周期很短……

对于企业业务，同样面临巨大的调整。尽管华为从成立的第一天起就做企业业务，历经了32年的磨砺，但随着华为以运营商业务为战略中心，企业业务一直定位在附庸，即能做则做。现在要重新定位企业业务，把企业业务作为公司的增长点谈何容易！

- 首先，面临众多的行业，无从下手。
- 每一个行业，华为都面临海量的竞争对手。

在这样的大环境下，华为应如何“打仗”？将作战模式转变为大平台支撑下的精兵作战。首先要清晰化责任分工：一线代表处主战（战术指挥重心下沉一线，经营责任前移到项目型组织），BG主建（机关以服务支持为中心，机关资源化，资源市场化）；高层聚焦战略制定、方向把握。华为一直以来都是中央集权，靠中央的强力推动，现在要变成推拉结合。谁推？机关；谁拉？一线。

在此基础上，明确权力授予，由“中央管控型”向“前方作战指挥，监管前移，后方支持服务”转变；行政管理和作战指挥权力分离，基于清晰的授权规则和下属的任务准备度进行合理授权。任正非多年前提出的“让听得见炮声的人来呼唤炮火”终于得到了落地。你来呼唤炮火，你就得对一线作战负责，你就得提高作战指挥能力，就得走精兵路线，依靠个人能力和管理系统，在平台的支撑下，完成任务式指挥。一线可以根据作战需要，模块化地剪裁和调整一线组织。

余下的就是机关大平台要完成的任务。

- 能力建设：机关以战略要求为主线，开展综合性能力建设；优化一线呼唤炮火和响应机制，帮助一线提升团队作战能力。
- 流程运作：机关根据最佳实践，持续优化作战流程，以面对复杂多变、不确定的环境，聚焦作战能力的实现。
- 信息系统：通过构建互通的信息环境，使各级指挥官在任何时间/地点获取到完成任务需要的信息，对作战环境形成共同的理解。

华为在大平台支撑下的精兵作战，取得了辉煌的战绩。消费者业务经过短短几年的努力，完成从2B向2C转型，成为全球第二的手机供应商。华为公司的收入有接近50%来自消费者业务。

7.4　一线：从单兵到“狼狈”，从铁三角到精兵作战

7.4.1　从单兵到狼狈

华为于1987年创立，1988年正式注册成立。在短短几年间经历了四次飞跃。

- 第一次飞跃：从无序、迷茫到迈进技术行业，即代理香港鸿年程控交换机。
- 第二次飞跃：从代理到基于别人的图纸开始自己组装用户交换机，华为做了两代产品，即BH01和BH03。BH03只有200门（供200个用户使用）。
- 第三次飞跃：1991年，在北京邮电学院几个学生的帮助下，开发出具有自有知识产权的产品，即HJD48用户交换机，具有500门。

- 第四次飞跃：1993年，开发出C&C08局用程控数字交换机。

华为从创立到C&C08开发后的2年内，市场销售都是单兵。1992年，华为市场部只有16人。谈何团队？

但是，到了1994年，华为基于C&C08衍生出了智能平台，提供的业务包括大家都熟识的200、800业务，112、114等特服业务，以及当时很火热的无线寻呼业务（127、128）等。1995年，华为又开发衍生出商业网、智能网、校园卡等新产品面向市场。这些产品的销售都与技术密不可分，原来的单兵作战已经不能满足市场需要。于是，华为开始思考组织转型。1995年，华为首次成立市场策划部、新业务市场部、商业网市场部。

到了1996年，组织前移，在各片区成立技术部。1997年，组织进一步前移，在代表处成立产品部，对技术负责。

华为对技术负责的部门是产品行销部。其他公司也有负责技术的部门，但它们不对销售结果负责，压力不足。华为的产品行销是要扛销售压力的，每个部门都有销售任务，每个人都有销售任务。那么你如何完成？那就是必须与客户经理紧密配合。这就是华为的“狼狈计划”。

7.4.2 从“狼狈”到铁三角

伊斯兰第一圣城麦加，每年10月的HAJJ节，都会涌入几百万朝圣者。几百万的朝圣者，几乎同一时间开机、寻呼、试呼，同时伴有大量的短信、彩信和邮件。沙特电信为30万人口配置的通信系统如何能经得住如此大的话务量冲击？

所以，每年的HAJJ节，沙特电信的网络都会面临难言的尴尬：频繁掉话、单通和闪断，令人绝望的宕机、无休止的网络拥塞直至网络瘫痪。这对华为来说就是商机。

1999年，华为开始了沙特市场的拓展，经过2年的努力，华为首次以接入产品突破。截至2004年，华为已经在固定网络取得绝对的市场份额，但合作一直局限在固定网络。

由于竞争对手的设备每年HAJJ节令人绝望的表现，加上华为在固定网络的出色表现，沙特电信终于下定决心：在核心网移动软交换上给华为一次机会。5台核心网设备进驻麦加，考题就是HAJJ节的尖峰话务考验，要求网络稳定运行，大多数用户通信顺畅。

2005年8月，华为成立以保障为中心的重大项目组，同时建立网络分析、测试、现场、应急、版本等支撑团队，开始对往年网络数据进行深刻分析，预测保障的用户量。并在机关实验室进行模拟环境测试，以设计解决方案。

华为调动全球资源，成立“麦加—利雅得—深圳”三线联合作战、现场保障和机关保障双组并行的模式。

麦加现场“操盘”：专人实时监控CPU负荷、专人手工修改参数降低负荷、专人核查负荷调整结果。

华为此次首次实现了HAJJ节期间核心网“零故障”运行。沙特电信副总裁在庆功大会上说：“我们创造了电信史上的一大奇迹，华为扮演了重要角色。”

这些成绩是售后服务人员“不洗澡、来回跑、吃不饱、睡不好”换来的。

项目结束，项目组立马着手编写“保障交付指导书”，作为后续HAJJ节保障的“武林秘籍”。2006年，项目组进一步优化实时监控工具，并启动新的话务模型生成工具。2007年，项目组逐步摸索出一套基于全网的保障体系和流程。2008年，项目组实现设备的业务处理模块自动化均衡，再也不需要“肩挑手扛”的操盘手了。大量的网络分析工具保证了信息提取分析的准确性、规范性和及时性，提高了网络保障的效率。2009年，项目组逐渐提炼出一套完整的网络信息收集、风险评估、网络操作和应急预案体系和流程，锻造出一个铁打的保障“营盘”，组织战斗力得到了增强。

正因为华为售后服务持续不断的努力、不断的改进完善，华为设备性能的不断增强，华为应对大话务量的解决方案越来越完善。如今，它已经发展成“重大事项保障业务”。里约举办奥运会、北京举办阅兵式，通信保障都是由华为来做的。

2005年开始的HAJJ节保障，是销售与交付合作的典范。它展现了交付服务的价值。

华为从1993年开始，尝试采用“狼狈”组织作战。“狼”代表客户经理，他们在前，利用自己的客户关系、自己灵敏的市场嗅觉，发现和捕捉机会。“狈”在后，去支撑“狼”，帮助“狼”，推动“狼”。“狈”指的是解决方案经理，以及机关。“狼”和“狈”形成团队，他们一起战斗，共同对市场、目标成功负责。

但是，当华为大规模进军海外市场，特别是2005年，一半的销售来自海外的时候，“狼狈”组织这种作战形式开始凸显它的不足。试想一下，如果解决方案存在不足（如漏缺一块板件），就会导致工程至少一个月的延迟，因为要重新报关、运输、清关等。

2005年年底，中东北非地区部的主管基于沙特HAJJ节保障的成功经验，提出了“铁三角”的概念，而且得到了任正非的高度认可。

什么是“铁三角”呢？就是交付服务的工作前移，与客户关系责任人、解决方案责任人组成团队，共同对项目成功服务。这样得到的结果就是，项目可交付性大大改善。

很多企业都存在售前、售后脱节的问题，因为这些员工分属不同的部门，他们为不同的绩效目标服务，这当然很难协同。而大客户销售，售前、售后的协同是非常重要的。

7.4.3 从铁三角到四组一队

2010年开始，华为预测到电信行业即将面临下滑。华为未来的增长点在哪里？面对一个下滑的行业，如何支撑华为每年30%的增长诉求？2012年，华为正式确立，未来的增长点在企业业务、消费者业务，于是华为成立三大BG。

从2012年开始，华为的客户变了。从原来的运营商，扩展到企业客户、消费者。为此，华为开始探索新的作战队列。

2014年，华为专门组织力量，对美军和中国的军改进行研究，想从军队中吸收营养。于是，美国“班长的战争”进入华为的视野。

什么是“班长的战争”？就是一线作战部门在组织和系统支持下的任务式指挥，实现一线呼唤炮火。要想转型到“班长的战争”必须完成三个方面的调整。

首先是核心决策层，他们负责制定清晰的战略和方向，对一线作战组织形成清晰、明确的授权，对一线的作战提供指导；其次是机关的功能平台和资源部门，他们提供完善的作战系统，构建能力，为一线提供装备，根据一线作战需要，调配资源，响应炮火需要；最后是一线作战部队，他们要有能力完成任务式指挥，灵活、轻便作战，行动高效。

2015年，华为请国防科技大学的教授讲解《关于队伍的灵魂与血性》；2016年，再讲《将军是怎么产生的》《领袖是怎么炼成的》。任正非期望从战争中得到启发。在不断的探索中，华为的作战模式从“班长的战争”，过渡到“精兵战略”，再到“小前端大平台”“大平台支撑下的精兵作战”，最后以“四组一队”定音。

什么是“四组一队”呢？

在攻坚战中，将突击队分成四个小组：火力组、爆破组、突击组、支援组。首先是火力组，采用高密度火力轰炸，打乱敌人队形，使之陷入混乱；持续火力压制，使敌人队形不能恢复。这时候，就该爆破组上了，爆破组趁敌之乱，快速隐蔽接近敌人；利用炸药包，炸开城墙、工事或碉堡。然后是突击组出场，突击组趁乱突击，进入敌作战队形纵深；突破一线，迅速突入后方指挥所、军营、仓库等。三个小组，在战争中一气呵成，完成战队任务。当然，这里面离不开支援组，他们要保证持续弹药、炸药、军需、物资的供应；并且保持持续作战状态，随时准备成为火力组、爆破组、突击组的一员。

"四组一队"是真正的团队作战，值得我们学习。最值得学习的是：战争结束，爆破组为火力组请功，突击组为爆破组请功，火力组、爆破组、突击组共同为支援组请功。这才是真正的团队。这样的团队，无往而不胜！

华为把这种"四组一队"战法引入华为的消费者业务，并且取得了辉煌的战果。

第3篇

人力资源管理篇

第8章 人力资源价值管理：让19万人一条心

“大学之大在于大师，企业之强在于强人”，华为作为一家高科技企业，能在32年的时间里取得辉煌的成绩离不开公司对人力资源管理的重视。这一章，将介绍华为人力资源管理体系建设的历程与思路，华为的企业文化与价值观，基于核心价值观的人才管理理念，人力资源价值链管理中的三个环节“价值创造”“价值评价”“价值分配”的核心要素等内容。

8.1 华为的人力资源管理体系建设

“困难越大，荣耀也越大。”这句名言来自哲学家西塞罗，也是华为轮值董事长郭平在2019年的新年致辞《不经艰难困苦，何来玉汝于成》中的开头语。2018年，对于华为来说是极不平静的一年，华为也未停下前进的脚步——华为2018年销售收入达到1 085亿美元，同比增长21%。

在新年致辞里，轮值董事长郭平表示困难和压力会让华为更加团结和强大，落实到运营管理举措，华为将聚焦战略构建业务结构韧性，提升软件工程能力。致辞中还确定了未来的人力资源管理方向，具体包括：激发一线组织活力；对准作战胜利去建设干部与专家队伍，并建立稳定的职员体系；优化个人绩效导向；以奋斗者为本，贡献面前人人平等。

任正非于2019年1月2日发布了华为公司的001号文件《全面提升软件工程能力与实践，打造可信的高质量产品——致全体员工的一封信》，文件中对可信的高质量提出了业务具体要求，同时，明确指出“更为重要的是，我们将通过变革形成一套适应上述变化的流程、组织与考核机制”。

仔细阅读任正非的每一次讲话内容以及华为发出的每一份重要文件，都能看到华为的最高管理者基于业务运营战略对公司人力资源管理与变革所提出的具体指示。所有的管理最终都要落实到人力资源部门去执行和落地，所有的业务运营举措都离不开人力资源管理的支撑，这是华为人力资源管理最根本最朴素的思路。

企业是以“人”为核心的组织，人力资源管理是企业管理中最核心的部分。在人力资源管理领域，是否能对人才进行有效的管理已经成为现代企业的核心竞争力，决定了企业能走多快，能走多远。

人力资源管理学科自20世纪60年代始出现于企业管理中。人力资源管理的目的是发挥企业人才的主观能动性，实现企业的战略目标。随着企业规模、业务领域、人员数目的增加，企业人力资源管理不断面临挑战，需要进行持续变革与转型以支撑公司的战略宏图。在企业持续的蜕变中仍要维持高效的管理，并确保全体员工能够齐心协力向目标奋进，这是处于高速增长期企业的人力资源管理所面临的艰难任务。

8.1.1　华为人力资源发展的四个阶段

华为对于人力资源及人才管理的定位一直非常清晰，“要让人才资本增值优于财务资本增值”。想要做到这一点，就要确保人力资源管理能达到其核心目的，也就是确保全体员工能够持续奋斗、不断进取。

经过32年的高速发展，华为从一家贸易为主的小公司发展到拥有19万员工的全球信息通信行业的科技型领军公司，从最初的小作坊式运作，到今天搭建起一套系统科学的人力资源管理体系，其中经历了多次的转型完善，并持续地根据业务需求进行适配与优化。

我们在此结合华为的业务发展来回顾一下华为人力资源管理体系的建设过程，大致可分为四个阶段。

第一阶段：1987—1994年

人力资源工作只是执行基础人事管理和完成招聘需求。在公司业务与管理的起步阶段，在当时强手如云的通信行业，“活下去”是华为最核心的目标。

回顾华为的发展历史，1987年到1994年属于创业起步阶段，该阶段的公司管理还未形成稳定的体系，管理就是解决不断出现的各种问题。在国际通信巨头的绝对技术优势和强势竞争压迫下，华为的业务战略聚焦扩展农村边缘市场，靠着极强的团队凝聚力和战斗力，虽遭遇无数坎坷仍得以快速发展，1995年年销售额达到15亿元，主要销售额来自农村市场。公司的人力资源在这段时间仅仅停留在人事管理实务层面，主要工作是满足人员招聘需求和人事基本事务。

值得关注的一点是，华为业务初期所形成的最高领导团队在后面的二十几年基本保持稳定，可见其团队凝聚力之强。

第二阶段：1995—2004年

该阶段是华为的人力资源管理体系与流程建设阶段。在这个阶段华为逐步搭建HR各专业模块，人力资源管理支撑业务创造价值的理念开始萌芽。

1995年到2004年，华为进入业务快速增长期及海外市场突破期。自1995年起，华为业务成功从农村包围城市，于1998年将市场拓展到中国主要城市，在中国市场取得最大份额，同年开始迈向海外市场。1999年在印度班加罗尔设立海外的第一个研发中心，2000年在美国硅谷和达拉斯设立研发中心，业务进入北美、西欧、东太平洋等发达国家，海外市场销售额达1亿美元。

与业务快速增长同步进行的是人力资源管理的变革与升级。

正是在业务开始快速增长的1995年，任正非邀请了六位中国人民大学的教授到华为，启动《华为公司基本法》的起草工作。1996年正式定位为“管理大纲”，1998年3月审议通过。《华为公司基本法》拟定历时3年，同期华为也经历巨变，从1995年的销售额14亿元、员工800多人，到1997年的销售额89亿元、员工8 000多人。基本法的拟定过程也是华为管理层对公司运营与管理思维集中进行深入思考、形成统一思路的过程。声名赫赫的《华为公司基本法》被管理界评定为中国企业第一个完整、系统的对企业价值观的总结，对华为的未来发展做出了全面的规范。其中，华为人力资源部分占据了约四分之一的篇幅。同样值得关注的一点是，后期华为最高层的董事会成员基本都不同程度地参与了当年《华为公司基本法》的讨论过程。

这10年是华为业务在国内快速增长的时期，公司的销售额从15亿元增长到400亿元，员工人数从800多人猛增到2万多人。1997年华为开始与合益集团（Hay Group）合作进行人力资源管理变革，建立了职位体系、薪酬体系、任职资格体系、绩效管理体系及员工素质模型。在此基础上，华为逐渐搭建了具有自我特色的成熟的干部选拔、培养、任用、考核与奖惩机制。

第三阶段：2005—2013年

该阶段是华为的全球范围的HR管理体系搭建阶段。以人力资源牵引业务的发展，给业务提供有价值的人力资源解决方案，建立员工可持续发展的平台。华为开始加速拓展海外市场，为了应对全球业务挑战，管理层提出以人力资源牵引业务发展的要求，进行全球HR管理体系转型，建立领导力与干部标准，完善评价与激励政策。

到了2005年，华为海外销售超过国内销售，整体销售额达到83亿美元，海外员工超过一万人，IPD和ISC等流程管理思想逐步渗透到了系统底层，华为的管理逐渐成熟。随着海外销售比例的增加，2005年华为已成为一家名副其实的国际化公司。

2012年，华为的年销售额达到2 202亿元，超越爱立信成为全球最大的电信设备供应商，销售额超过65%来自海外市场，同时华为的15万员工有超过3万名为外籍员工，在全球已建有23个研究所和34个创新中心。华为面临着从国际化公司到全球化公司的转型挑战。

这9年间，华为还完成了从“三分天下”的“积极跟随者”到“行业领先者”的跨越式发展。公司的业务自2009年起从单核运作模式转变到多核管理模式，业务领域从原有的运营商事业群扩大到运营商、企业网、消费者三大事业群并行，公司的管理模式与战略思维也面临着巨大的变革与挑战。

早在2005年，华为就对公司的愿景、使命和战略进行重新定位。同年，华为大学正式成立，面向客户、公司管理层及员工，提供全面系统的技术、领导力和文化培训。2008年，华为再次对核心价值观进行了梳理，组织所有员工参与讨论，总结归纳六条核心价值观：“成就客户、艰苦奋斗、自我批判、开放进取、团队合作、至诚守信”。2010年，华为提出三个根本保证，即“以客户为中心，以奋斗者为本，长期坚持艰苦奋斗”。

此阶段，人力资源管理以支撑业务创造价值、成为业务的坚强伙伴为核心工作，包括找到并吸引优秀人才、持续提升员工的能力等。自2009年开始，人力资源被要求转型为牵引业务发展的角色，也就是说人力资源团队要能够随着公司的发展对各体系各部门提供有价值的人力资源解决方案，搭建能够帮助员工持续快速发展的平台。同年，华为开始搭建人力资源三支柱管理模式，建立以增长、效率为导向的人力资源业务管理架构，升级完善了人力资源管理新体系。

第四阶段：2014年至今

全球范围人力资源管理运作阶段，逐步迈向以人才管理驱动业务发展。从2014年开始，华为在行业内处于绝对领先位置，真正进入全球化运作，人力资源完全融入业务中。

2013年华为的销售额为2 390亿元，2017年达到约6 000亿元。三大事业群业务在近几年保持持续增长，尤其是消费者事业群快速崛起，手机终端的产品技术、品牌、市场占有率都急速提升。2017年，华为智能手机全年发货1.53亿台，全球份额突破10%，稳居全球前三。

目前，华为已在全球设立了15个研究所（院）、36个联合创新中心，在全球范围内开展创新合作，研究领域包括云专项、通信专项、5G专项、人工智能、材料专项等领先技术，招募世界各地顶尖人才共同推动技术的进步。

通信市场群雄争霸、瞬息变化，在数字革命的大背景下，产业环境将会更加复杂、更加不确定、机会更多、对手更强、风险更大。华为从内审视，公司面临着更为复杂的管理挑战。一方面，属于成熟业务的运营商业务需要持续优化、夯实；另一方面，属于成长性业务的消费者业务与企业业务以及属于探索性业务的云业务需要结合其业务特点建立有效的管理体系等。华为向外展望，感知业界各类企业的人才观、组织模式出现各种新变化，如同为国内标杆企业的BAT公司对于人力资源管理所采用的不同模式和管理思维。

在人力资源管理上，为了更融入汇合到业务管理的每一个关键环节，华为对人力资源三支柱管理进行分层级落地优化，包括但不限于HRBP团队及人员培养、项目HRBP岗位的设立战略后备队人才培养等。

2017年年末，华为提出新的愿景和使命——“把数字世界带入每个人、每个家庭、每个组织，构建万物互联的智能世界”，开启从数字世界到智能世界的新时代。无论是怎样的转型，从来都是从思想层面开始，新的愿景和使命明确了公司未来的战略方向，战略方向则为管理变革提出了指示和要求。2018年3月，华为公开发布《华为公司人力资源管理纲要2.0总纲（公开讨论稿）》，在这份用以公开征集员工意见的管理纲要里，华为展望未来的发展与挑战，指出人力资源在继承与发展中仍面临着组织、人才、领导力等各方面的巨大挑战。

正如华为人力资源管理部总裁在2017年发表的讲话中所提及，“当前最关键的挑战是我们自己组织队伍的能力问题”。这些问题具体包括以下三方面。

第一，持续激发组织活力。包括灵活的组织设计，推动责任与权力前移；优秀干部的选拔和人才流动，实现人才辈出；导向冲锋的分享机制；构建有助于员工持续奋斗的工作环境等。

第二，要让人力资源的关键举措能支撑业务战略目标达成。包括对组织、对项目、对人的考核，瞄准商业成功，有利于端到端协同；高质量的人才供应；促进现有员工的能力提升。

第三，提升效率，促进经营。华为一定要实现人员费用增长慢于销售收入和利润的增长，只有这样，才能实现公司长效经营。

在公司成立32年后，华为再次基于过往的实践与未来的业务发展对人力资源进行全面思考，对公司过去的人力资源管理工作进行了概要性总结，讨论稿中明确提出：人力资源管理是华为商业成功与持续发展的关键驱动因素。

8.1.2 人力资源管理的三个坚实基础

华为的人力资源管理离不开文化、机制、管理思维三个方面的坚实基础，文化上有“以客户为中心，以奋斗者为本，长期坚持艰苦奋斗”的核心价值观支撑；机制上有以自我批判为基础的纠偏机制；管理思维上构建了价值创造、价值评价、价值分配三循环的价值管理体系。其中，价值分配体系的搭建是确保全体员工一条心的核心要素。

1. 企业文化与核心价值观

华为丰富而独到的管理理念一直被业界奉为经典，任正非关于管理的讲话亦被外界反复传播和研读。《哈佛商业评论》曾指出，“文化与核心价值观，是华为成功的关键”，而华为的管理理念即贯穿其中。所以，一提到华为的管理，外界很多人对华为第一印象就是华为鲜明的企业文化。1997年年初，任正非在一次内部的春节慰问及工作汇报会上进行了以“资源是会枯竭的，唯有文化才会生生不息”为主题的讲话，明确了文化在华为管理上的定位高于其他可获得的资源。

2. 自我批判的纠偏机制

自我批判是华为最主要的四条核心价值观之一，华为的管理理念受IBM

为代表的美国企业管理实践所影响，注重成功实践的积累，但同时，华为也提出“过去的成功不是未来的可靠向导”。成功有很多因素，也有很多的评判标准，华为公司在32年的高速发展中，为了区域的、项目的、阶段性的成功也付出了昂贵的代价，如果不是搭建了一套自我批判持续改进的机制，将失败经验转化为管理要求，从失误中吸取教训，管理就无法支撑快速增长的业务需求。为了推动这个机制的运行，让全体员工理解失败和错误是成功路上绕不开的荆棘，同时，也为了鼓励员工不为犯错所困扰，华为提出另一个口号：“烧不死的鸟是凤凰，泥坑里爬起来的是圣人。”在前行的路上，任何人都可能因为犯错遍体鳞伤，也可能因为摔倒弄得周身泥泞，只要持之以恒勇于不断反省和改进，就有可能成为未来的“将军”或“圣人”。

3. 价值链管理的管理思维

价值管理体系中的价值分配是牵引组织前行的关键。“企业的活力除来自目标的牵引、来自机会的牵引以外，在很大程度上是受利益的驱动的。企业的经营机制，说到底就是一种利益的驱动机制。价值分配系统必须合理，使那些真正为企业做出贡献的人才得到合理的回报，企业才能具有持续的活力。”

价值分配这个书面化的词汇用大白话来说，就是企业如何分钱。任正非在分享成功经验时就直白地说过：“我不懂技术，也不懂营销，只是分钱比较公道罢了。”说不懂技术和营销算是谦虚，但最后一点确实是事实，他抓住了价值分配的要素。孔子说：“不患寡，患不均。”这是中国人历来的传统思想。任正非以超越常人的胸襟和谋略做到了两件事，一是利益共享，二是利益分配。作为企业的创始人，他能够把大部分的利益拿出来分给员工是价值分配的前提与基础，他作为企业家以身作则自愿把利益分给其他人，为企业的利益分配做出了最有说服力的表率。利益如何分配才能真正有效同样是一个持久的企业管理难题，但毋庸置疑的是钱分得到位才能从最基本层面激励团队，让成千上万的员工向着同一个方向奋斗，取得华为的成功。

8.1.3 人力资源价值链管理

人力资源价值链（Human Resource Value Chain），由哈佛大学商学院教授迈克尔·波特于1985年提出。

波特教授认为，“每一个企业都是在设计、生产、销售、发送和辅助其产品的过程中进行种种活动的集合体。所有这些活动可以用一个价值链来表明。”企业的价值创造是通过一系列活动构成的，这些活动可分为基本活动和辅助活动两类，基本活动包括内部后勤、生产作业、外部后勤、市场和销售、服务等；而辅助活动则包括采购、技术开发、人力资源管理和企业基础设施等。这些互不相同但又相互关联的生产经营活动，构成了一个创造价值的动态过程，即价值链。

波特的“价值链”理论揭示，企业与企业的竞争，不只是某个环节的竞争，而是整个价值链的竞争，而整个价值链的综合竞争力决定企业的竞争力。

从管理学理论上来说，人力资源管理的核心就是价值链管理。人力资源价值链管理包括三个环节的内容：价值创造、价值评价和价值分配。

第一个环节是“价值创造”，强调的是创造要素的吸纳与开发，就是需要识别企业中哪些要素参与了价值的创造，这涉及人力资源管理中的价值分析问题。例如，过去农业经济社会发展的基础条件是要拥有劳动力和土地，现代经济社会中要能进行价值创造就必须要包括企业家、知识、资本和劳动等要素，而其中的主导要素是知识创新者和企业家，尽管他们的人数占不到企业的20%，但他们却创造了企业80%以上的价值。由此，企业需要注重吸纳一流人才，同时也要注重通过开发提升员工的价值。

第二个环节是“价值评价”，即核算根据第一环节“价值创造”识别出来的要素创造了多少价值，就是要建立科学的人力资源管理价值评价考核体系，这一体系包括个性特质评价、职业行为能力评价和关键业绩指标考核等内容。

采用什么样的价值评价标准和怎样进行价值评价是人力资源管理中一个最困难的问题。

第三个环节是“价值分配”，包括基于评价结果进行分配的方式、分配的标准等。分配内容不仅包括工资、奖金、红利、股权，还包括职权、信息、机会、学习等，其中最重要的是企业薪酬体系的设计。

如何将价值评价结果与薪酬回报有机地结合起来，是人力资源管理体系建设的重点和难点，也是验证企业人力资源管理体系是否有活力和扩张力的重要依据。

价值创造、价值评价和价值分配的有机结合及其良性循环，是现代人力资源管理体系的重要特征，也是人力资源管理体系的基本框架。全力创造价值、科学评价价值、合理分配价值及其三者的闭合循环，是企业人力资源管理体系建设的核心与重点。

在知识经济中，大量的中国企业从理念上开始越来越重视人力资源的开发和管理，但能够真正将人力资源管理纳入企业经营管理体系中的不多见，能够将业界最优秀的管理理念内化并进行适用的更为少见。

华为从1998年《华为公司基本法》拟定时起，已经将人力资源价值链管理的理念引入管理体系，并通过二十几年的深入实践和持续优化，建立了具有华为特色的人力资源价值链管理理论体系。在人力资源管理领域，华为身体力行地为民营企业做出了榜样，提供了在多个环节中可学习与参考的实践案例。

8.2　基于核心价值观的人才管理

根据《财富》杂志公布的2019年度全球500强名单，华为排名为第61名（2018年排名为第72名），BAT中的阿里巴巴排名为第182位，腾讯的排名则是第237位，百度没有出现在榜单中。同时，华为还是129家跻身全球500强的中国内地企业中，唯一的一家海外营业收入总额超过本国营业收入总额的企业。

华为凭着辉煌业绩成为中国企业界的偶像，很多企业家管理者慕名而来，希望能够学习到其中一二，由华为价值观驱动的企业文化就是其中的一个学习热点。华为企业文化与核心价值观是华为管理制度的“魂”，华为的人力资源管理体系正是基于华为特色的企业文化与核心价值观所建立，并且在实践中相互验证，不断完善和推进。

8.2.1 华为的企业文化与核心价值观

企业文化是在一定的条件下，企业生产经营和管理活动中所创造的具有该企业特色的精神财富和物质形态。它包括文化观念、价值观念、企业精神、道德规范、行为准则、历史传统、企业制度、文化环境、企业产品等，其中价值观是企业文化的核心。企业核心价值观是指企业及其员工的价值取向，是企业在追求经营成功过程中所推崇的基本信念和奉行的目标。

企业文化指导企业基于长远发展方向和愿景，通过对公司战略、人力资源、财务、团队建设等一系列有效的整合与绩效评价、考核体系的建立与完善。

企业核心价值观不仅影响企业决策者对企业性质、目标、经营方式的取向所做出的选择，如它在公司战略管理中的作用，更重要的是，企业价值观应该渗透到企业日常经营管理过程中的每一个环节，从而在组织内产生凝聚力，激励员工释放潜能。

什么是华为的企业文化？华为的高绩效的企业文化又是如何搭建的？

任正非在2014年12月最新修订的《致新员工书》里再次提及文化对于华为的重要性：“物质资源终会枯竭，唯有文化才能生生不息。一个高新技术企业，不能没有文化，只有文化才能支撑其持续发展，华为的文化就是奋斗文化，它的所有文化的内涵，是来自世界的、来自各民族的、伙伴的……甚至竞争对手的先进合理的部分。”

在人力资源管理纲要2.0里，华为对过去32年的管理理念与实践进行了总结，肯定了华为在文化和核心价值观上取得的成绩："精神文明建设导向持续奋斗，构筑了公司的核心价值观，形成了积极进取、敢于亮剑、百折不挠、集体奋斗的高绩效组织文化。"

1. 建立了公司核心价值观

在努力谋求公司生存、奋力牵引公司发展的拼搏过程中，华为经过长期探索并确立了"以客户为中心，以奋斗者为本，长期坚持艰苦奋斗"的核心价值观。核心价值观在组织中的传承与发扬，一方面依靠公司各级干部在长期工作实践中率先垂范、以身作则；另一方面注重核心价值观内化到组织建设、干部任用、人才选拔、考核分配、荣誉表彰等一系列人力资源管理制度中，用方便操作的有形机制来固化无形的核心价值观内涵，牵引了公司内组织与个体行为对公司核心价值观的遵从。

2. 用公司的发展愿景激励了全体员工的奋斗意志

公司在发展初期就前瞻性构想了"聚焦电子信息领域、成为世界级领先企业、三分天下必有华为"的发展愿景与宏大抱负，在业务发展的各阶段及时提出了更具挑战的战略目标，从组织发展的意义感、个体创造的价值感与成长的机会上为全体员工指明了方向、树立了目标、提供了空间，极大地激发了各级组织与员工努力创造的精神动力。

3. 构建了高绩效的组织文化

在从农村包围城市、从国内拓展海外、从行业跟随者到领先者的征程中，公司业务发展与市场竞争压力无衰减地穿透组织的过程，公司的干部群体通过自身践行核心价值观、勇于担责、敢于牺牲、为客户创造价值的奋斗行为，用自己的内心之火带领团队在不断的失败中从一个胜利走向另一个胜利，形成了公司特有的"面对挑战，敢于亮剑；面对挫折，百折不挠；面对成绩，自我批判；面对机会，永不满足"的组织气质和持续追求高绩效的组织文化。

4. 形成了集体奋斗的组织氛围

在过去32年的发展中，公司构建了“力出一孔、利出一孔”的考核与分配机制，促进了“胜则举杯相庆、败则拼死相救”的团结协作氛围以及面对问题的组织自愈能力形成，凝聚了千万员工的创造智慧与奋斗激情，形成了集体奋斗的文化传统。

华为企业文化与核心价值观，如上面的描述，定义简明扼要，文字也并不出奇，和中国许多企业，包括机构组织的价值观描述非常相似。但是，我们都知道，文化是非常广泛和最具人文意味的概念，给某一种文化下一个精确定义是一件非常困难的事情。文化既包括世界观、人生观、价值观等具有意识形态性质的部分，又包括技术、语言和架构等非意识形态的部分。

在这里，我们举一个例子来帮助大家理解华为文化。

2015年1月4日，华为将一幅被不少人称为“烂脚”的广告推到我们面前。广告中，一只脚穿着优雅的芭蕾舞鞋光鲜亮丽，另一只脚却赤裸着，满是伤痕。美与丑、优雅与不堪，形成强烈的视觉冲击。

这只“烂脚”，是美国摄影家亨利·路特威勒的摄影作品集“芭蕾舞”中的一张。路特威勒花了4年时间拍摄这组芭蕾舞照片，其中的这一张芭蕾脚照片荣获大奖。

2015年1月，任正非看到这幅照片，怦然心动，他想这不正是当下华为“痛并快乐着”的真实写照吗！华为光鲜的背后，是17万双“烂脚”孤独地行走在世界上！于是任正非立即决定，华为买断这幅照片的广告播放权。

1月4日，这幅吸引了大量关注的华为广告在全球许多机场和媒体进行投放。

1月22日，在达沃斯论坛上，任正非亲自为这幅图片进行诠释：“我们除了比别人少喝咖啡，多干点儿活，其实我们不比别人有什么长处。就是因为我们起步太晚，我们成长的年限太短，积累的东西太少，我们得比别人多吃一点儿苦，所以我们这儿有一只是芭蕾脚，一只很烂的脚，我觉得这就是华为的人，痛并快乐着。华为就是那么一只烂脚，不给社会表现出来我们这只脚还挺好，我们的广告在全球大规模地做，刚刚开始启动，就来解释我们走向了社会，走向了这个东西。”

2015年3月19日，《人民日报》发表评论：“这其中有华为引以为豪的艰苦奋斗、以苦为乐的企业文化，也折射了中国品牌在海外筚路蓝缕、努力开拓的不懈精神。”

这幅广告投放前，曾在华为内部进行过广泛的意见征集，反馈其实并不好，大部分的华为员工认为“不美好，不美观，不支持”。

但是任正非认为，“（图）虽然不美，但反映了华为之所以是华为的原因。”在他看来，这张图就是华为人生，“痛并快乐着”。华为就是那只烂脚，如果不表现出来，社会还觉得这只脚挺好。

再说一个衍生的小故事。西非某国的一位高官与夫人访问华为，在机场看见这幅广告，很好奇，便询问随行人员：“华为的这个广告是什么意思？华为也有芭蕾舞？为什么两只脚不一样？”随行人员回答：“正如您和夫人所知，华为是全球ICT领导者，我们今日成功和辉煌的成绩，正如广告上芭蕾舞者的右脚，光鲜亮丽。但您知道华为是一个民营企业，而且身处高门槛竞争激烈的ICT领域，有谁知道成功背后的艰辛，正如广告中的左脚。‘我们的人生，痛，并快乐着’，这传递的是我们华为人奋斗、坚持不懈的精神……”高官听后深受感动，主动请缨做宣传大使，他表示：“这个广告非常有意义！这样的故事讲出来一定会得到很多人的认可，帮助客户进一步了解华为。这个故事应该多宣传！我就愿意负责去西非做宣传！”

文化是抽象的，它可以浓缩成简明扼要的文字描述，但是又远远超越文字。华为的企业文化，除了多年实践提炼后的纲要总结，除了公司的组织架构与管理制度，更可能是一双“烂芭蕾脚”，也可能是盲人舞蹈团的“千手观音”，也可能是“扫地僧”院士李小文，或者只是非洲沙漠上的一棵树……一点一滴，凡是在企业内部认可的，广泛被宣传的，都代表了华为的企业文化。

作为一家飞速发展的高科技公司，人力资源管理是如何有效支撑其业务发展，关键要素之一就是基于企业文化与核心价值观进行业务运营管理。

我们在上一节已经谈到，华为在人力资源管理上运用了价值链管理的框架。管理动作能够高效落地的基础就是公司上下持续坚持“以客户为中心，以奋斗者为本，长期坚持艰苦奋斗”。

如人力资源管理纲要2.0里的描述，首先，作为一家民营企业，价值创造要解决生存问题，所以“活下去是硬道理”；其次，对外，客户是公司能存活的唯一理由，公司的价值都是客户所赋予的，只有客户会付给公司钱，所以，华为必须“以客户为中心，为客户创造价值，追求持续商业成功”；再次，为了能够在激烈竞争的商业环境、快速变换的科技时代取得一席之地，公司全体员工需要“力出一孔、利出一孔，胜则举杯相庆、败则拼死相救，永不言败”；最后，华为所处的行业正在进行跨界与重构，产业机会与风险并存，华为需要广泛与上下游伙伴进行深入合作，不排除会重新调整产业布局，“团结一切可以团结的力量”，才能在未来的技术竞争、产品竞争、商业模式竞争、生态能力竞争、商业思想竞争等挑战中持续发展与壮大。

华为企业文化是华为管理实践经验的总结。同时，华为的管理制度也是华为文化中相对稳定的体系，符合华为的核心价值观，并用条文的形式加以固定化，通过验证反复优化，在员工中达成共识后，经过正式签发和颁布，为员工共同遵守。只有与华为的文化背景相适应的管理制度和规范，才能发挥管理效率，才具有执行力，支撑公司业务持续高速发展。

8.2.2 基于核心价值观的人才管理

21世纪科学技术日新月异，越来越多的企业关注人才管理，不少企业提出响亮的人才口号，提出“员工是企业最宝贵的财富”。

《华为公司基本法》明确指出："认真负责、管理有效的员工是华为最大的财富。"1997年，起草《华为公司基本法》时，顾问小组中的一位教授曾经问任正非："人才是不是华为的核心竞争力？"任正非："人才不是华为的核心竞争力，对人才进行管理的能力才是企业的核心竞争力。"

每家企业都希望获得最优秀的人才，都积极地参与到人才获取的白热化竞争中。但是，想获得优秀人才，需要企业及管理人员的高度投入，无论是时间、精力还是资金。而如果仅仅把员工招募进公司，却不能让其在组织中发挥最大的能动性，不能留住员工与企业共同发展与进步，对企业来说，就意味着最大的损失。这便是任正非所说的，对人才进行管理的能力才是企业最需要的能力。这也是业界为什么有专家认为，华为是一家人才运营型企业。

2017年华为在内部发布了《华为公司人才管理白皮书》，白皮书刷新了华为所秉持"积极、多元、开放"的人才观，提出凡在公司业务边界内能够贡献突出价值的内外部人员，都是公司所追求的人才。

华为同时从品德、价值观、贡献、能力及经验等四个维度来全面看待员工。其中，品德是需要坚守的底线，在公司商业行为中遵守法律规定和道德规范，是华为能够长久发展的重要保障之一；"以客户为中心，以奋斗者为本"的核心价值观是引领公司走向长久成功的保障；"以责任结果导向"贯穿始终，激励人才为客户创造更大价值；在能力和经验上，公司责任结果导向鼓励人才具备开放的心态和开阔的视野，积极应对和管理未来的不确定性，同时以工匠精神持续追求卓越和专业精深。虽然人才观会随着公司业务战略发展、外部环境变化而持续发展，但万变不离其宗，这个"宗"就是公司的核心价值观，就是"以客户为中心，以奋斗者为本"，以责任结果导向；这个"宗"不仅是华为人才选择、培养和发展的基础，更是华为价值评价的基本原则。

白皮书提出，华为人才管理机制的核心目标在于基于人才战略需求，建设整合的人才供应链，基于“选、用、流、育、留、管”的业务逻辑构建具体人才管理业务。这六字管理动作比业界常用的“选、育、用、留”字面上多了两个字，操作上则多了两套管理机制。这套从人才输入到人才供给的人才供应链一共包括七套机制：前端的输入——“人才规划”，以及“人才选拔”“人才使用”“人才流动”“人才发展”“人才激励”和“人才监管”。

人才规划的源头是公司的“五年规划”和业务计划，基于人才标准来进行公司和业务单元的人才规划。人才标准包括干部标准和专业人才标准，它是衡量人才需求的共同语言，是公司对管理者和业务员工的基本要求，传递了公司对人才的整体期望。设定标准在华为就不可能脱离公司的核心价值观。

我们可以通过分解人才管理中的个别重要步骤，深入理解华为是如何将核心价值观渗透到管理实践的具体动作中的。

对于很多企业来说，人员招募是人力资源最重要的一项工作，但是究竟应该招纳和选拔什么样的人员，却使很多管理人员难以回答。

在华为的人才获取与人才选拔过程中，核心价值观是最基本的指导思想。

华为内部的招聘操作指引里，明确回答了“华为要找什么样的人”这一个基本问题。人员选拔核心导向清晰列出：“全力以赴的奋斗激情，客户为先的服务意识，至诚守信的优秀品格，积极进取的开放心态，携手共进的合作精神，扎实的专业知识与技能。”除最后一条之外，其余五条都是基于公司核心价值观，是华为人才的独特标签。这五条人才标准，有着鲜明的华为特色，尤其是第一条，“全力以赴的奋斗激情”。当把这一条作为人才选拔的第一选项时，就代表着所有的面试人员要清楚华为衡量人才的第一要素是有激情有活力肯全力奋斗，也代表着面试团队需要把这一要求传达给候选人群，让候选人对公司人才首要要求有基本的认知，双方在价值观上做到基本统一。

8.2.3 如何将核心价值观落地

那么，华为是如何在招聘过程中实践核心价值观的落地呢？

华为的人才获取的主要途径是通过校园招聘吸纳符合要求的应届毕业生。在华为选定短名单的高校当中，面临市场对高层次通信等科技人才求贤若渴的激烈竞争趋势，要想获得高素质的精英人才，很大程度需要靠公司的认知度和影响力。对校园招聘流程和组织的有效管理，是提升应届人才质量和效率的重要因素。

华为在校园招聘时，从三个层面着手进行文化价值观的传递和把控：

（1）公司高层参与校园招聘工作，并承担文化与价值观宣讲职责。

（2）资深中高管参与人员选拔环节，在面谈中进行价值观沟通和甄别。

（3）人力资源团队负责招聘组织与流程管控，负责与候选人进行充分沟通，帮助候选人深入理解华为文化、规范、制度。

校园宣讲会是参加校园招聘的企业会采用的一对多沟通方式，通过大型的宣讲来介绍公司的基本信息，包括文化导向、发展历程、业务重点、年度招聘计划等，同时对学生普遍关心的问题进行公开答疑。近几年华为派出了多名总裁级高管，其中包括多名董事会成员，担任校园招聘会的演讲人，发布主题演讲。他们对华为的文化和价值观熟稔于心，具备丰富的管理经验和扎实的业务背景，才华横溢、雷厉风行，他们的演讲，不仅提升招聘宣传的吸引力和知名度，更能将公司文化和价值观精彩且精准地传达给所有听众与目标人选。从另一个角度说，公司最高层管理者到招聘一线身体力行承担实际且重要的工作，本身就是华为文化和价值观的一种体现，真切反映了华为对于人才获取的全力以赴。

举例来说，2016年华为多名EMT团队的高层管理者参与到校园招聘中，并在清华大学、北京大学等多家重点高校进行了校园宣讲，和数千名优秀学子，进行了面对面的思想碰撞，深入介绍并阐述了华为文化和价值观。

华为副董事长首席财务官孟晚舟在与清华大学学生的宣讲交流中，解答了对华为感兴趣的学子们所关注的问题：华为能够持续成长的原因是什么？她通过华为的实践案例总结到：成功第一条，也是最重要的一条，就是“以客户为中心”。30年来，华为始终坚持为客户创造价值，这也是华为存在的唯一理由。成功第二条：长期坚持艰苦奋斗的精神。她在宣讲中总结：“持续奋斗、创造价值，是年轻人的责任与义务！”

孟晚舟在与北大学子的互动交流中，也多次提及华为文化与价值观。例如，在回应学生问题“华为怎么避免大公司病？怎么简化内部繁杂的流程？”时，她回答：华为的核心价值观“以客户为中心，以奋斗者为本，长期坚持艰苦奋斗，坚持自我批判”当中的最后一条是坚持自我批判。过去的成功不是未来成功的可靠向导，不能陶醉于过去的成功，迷信过去成功的经验，要敢于不断地批判自己。华为内部建立了一个叫“蓝军”的实体组织，蓝军的使命就是模拟竞争对手的活动不断攻击华为，在蓝军的攻击中华为的组织不断自我改进，使自己变得更加强大。从这些沟通交流具体的内容中，一点一处、一丝一缕都可以看见华为核心价值观的存在，这些是华为人的精神力量。

华为招聘面试中的综合面试官，均由经过公司人力资源部核定过的中高层管理者担任。根据华为内部的管理要求，对综合面试官不仅有职级、岗位等要求，还需要其具备在华为内部有一定的工作年限。也就是说，即便某一名管理人员的职级和岗位已经足够高，但如果入职时间比较短，则不适合担任综合面试官。综合面试的测评的关键点就是候选人与华为文化的适配度，面试官对公司的运作与管理有足够深度的了解才能理解公司文化和价值观的实际需求，才能更准确地做出测评。

综合面试中除了要对文化价值观进行适配度测评，还需测评的是候选人的性格与岗位周边环境是否契合、未来发展的可塑性、其他要素是否符合公司招聘录用政策及人才选择导向，有关候选人合适的工作地点、职级、薪资等，也在综合面试中进行确认。在参加综合面试之前，面试人已经通过了专业知识面试和直接主管面试，必备知识技能和基本沟通已经通过测评，综合面试是面试中的最后一道把控。综合测评的要点都要求责任面试官对公司的制度政策尤其对价值观导向有深刻理解。对综合面试官进行资格管理，对综合面试测评项有清晰的导向，通过综合面试官在人才选拔和面试阶段传达解释公司文化和核心价值观并与候选人进行有效匹配，从而提升新入职人员与公司价值导向的匹配度，提升合适人才选拔的效率。

正如马克斯·韦伯所说："任何一项事业背后，必须存在一种无形的精神力量。"如果没有最高层面的精神力量的支撑，就无法成就伟大的事业。对于一个企业来说，其精神力量的来源就是企业核心价值观。

在人才培养与发展的过程中，公司的核心价值观也无处不在。

谈及人才培养，就很有必要介绍一下华为的新员工入职培训。一般来说，对新员工而言，入职培训的目的是帮助其理解公司的要求，能够快速融入工作环境；从公司层面来看，是提供公司特有的工具方法，集中提前处理工作中的通用疑问，减少管理成本。华为新员工入职的第一项任务就是参加入职培训，入职培训包括NEO（New Employee Orientation，新员工入职培训）和专业培训两部分。

NEO就是老华为人口中所说的大队培训。加入华为的新员工需要先通过大队培训，完成相关项目后再参加所需的专业培训，之后才去所属部门报道。华为大队培训的培训内容以企业文化和价值观教育为主，也包括公司的政策制度学习，如公司通用财务制度、员工制度、信息安全制度等。

华为人员增长最快的那些年，年度新员工入职数超过20 000人，当时的大队培训采用全封闭式为期两周的半军事化集训方式，培训地点位于华为深圳坂田基地的华为大学和百草园区域。夏季是入职高峰期，每天早上不到六点，早晨操练的新员工队伍从百草园宿舍区集合后出发，一路嘹亮地喊着口号从各工作园区跑过。生产中心的大操场上，几千名着装统一的新员工在教官的带领下整齐划一地锻炼出操，是当年的一道风景，也是很多华为人永恒的记忆。

当时，华为的大队培训内容严谨、要求严格，从基本着装、时间遵守、任务完成、学习态度等各维度都有明确规范，处罚条例严明，少数不能接受公司要求的新员工在大队培训期间就做出了重新选择。这样的方式虽然有其僵化机械的弊病所在，但从公司文化和价值观宣贯来说，让所有新加入人员有了统一的基本认识，不失为一种简单有效的方式。

华为新员工入职培训有一个保留项目是辩论比赛，论题为“干一行，爱一行”和“爱一行，干一行”。辩论只是一种思维激荡碰撞的方式，也未必会有所谓的正确答案，但通过辩论准备和参与的过程，可以一定程度地加深新员工对“以客户为中心”等价值观的理解，推动新员工思考客户和业务需求对个体的含义。

在“选、用、流、育、留、管”以及“人才规划”七个环节中，核心价值观都是最基本的管理原则。“以客户为中心，以奋斗者为本”的基本理念体现在干部管理、人员晋升、岗位配备、内部人才调配、物质与非物质激励发放、道德品德纪律监管等管理动作中。

一言以蔽之，核心价值观贯穿于华为人才管理的所有机制中。华为一路以来秉持“人力资本不断增值的目标优先于财务增值目标”的人才管理理念，将努力工作、积极创造价值的各类人才视为公司价值创造的主体，将认同并践行华为价值观的员工视为公司的宝贵财富。

华为作为一家绩效优异的人才运营型企业，在人才管理上进行了系统的思考，并搭建了系统较为健全的人才管理体系。但是，人才管理是一项复杂且艰难的工作，华为也不断遇到新的挑战。2019年伊始，任正非连发三封总裁办电子邮件，带领公司思考：“为什么博士人才留不住？”邮件针对研发体系2018年离职的82名博士员工和104名在职博士员工、制造部11名在职博士员工的访谈与数据研究，详细阐述了华为为什么留不住高精尖人才，并提出了改进措施与建议。

华为的人才管理正如其人力资源管理体系，最优秀的地方并不是其具备怎样的先进性、科学性、全面性，而是在不断的反思中前行，随时发现问题，思考和尝试解决问题。这也正体现了华为的企业文化，即随时进行批判和自我批判，在各种痛苦中继续前行。

8.3 基于业务战略的价值创造管理

华为的人力资源管理纲要2.0里明确指出，人力资源管理的价值在于让组织始终充满活力。

那怎么操作才能让组织充满活力呢？“人力资源管理要通过实现组织持续的熵减与开放，祛除积弊、焕发活力，保证在业务方向大致正确时高效执行，在业务方向发生偏差时及时纠偏，保障公司在业务上实现持续的商业成功，在适应时代的变迁上实现优先进化。”在这段描述中，三个连续出现的“业务”字样彰显出紧贴“业务”对于人力资源管理的重要性。跟随业务的诉求，不断进化和优化，从而让组织充满活力。

我们在本章第一节里已经介绍，人力资源管理的核心是价值链管理。人力资源价值链上有三个环节，即“价值创造”“价值评价”与“价值分配”。价值创造应该与公司业务活动中的每一个步骤密切联系，持续优化价值创造管理循环，则必须将公司战略与人力资源、组织团队建设等整合为一体，实现真正的战略人力资源管理。

8.3.1 华为的业务领先模型

华为自2009年起采用业务领先模型（Business Leadership Model，BLM）作为战略落地方法论，通过战略解码体系将公司最高级的业务战略层层分解到人力资源的具体执行动作中，也就是价值创造管理的每一个具体环节。

BLM（见图8-1）是一个完整的战略规划与落地执行方法论，是IBM在2003年与哈佛商学院结合多年实战经验联合研发的，后来，这个方法论成为

IBM公司全球从公司层面到各个业务部门共同使用的统一的战略规划方法。

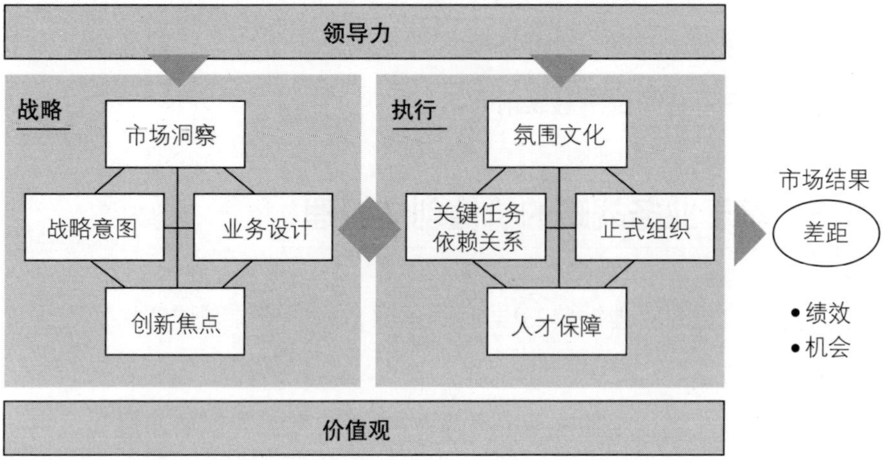

图8-1 BLM

BLM从框架上来看可分为五部分来理解，最上层的是领导力，公司的转型和发展归根结底在内部是由企业的领导力来驱动的，领导力也代表着方向。领导者是否愿意变革和超越？是否具备了必需的示范或者激励的能力？领导力是公司战略的根本。领导力下面的两部分内容分别是战略和执行，一个好的战略必须包含两部分，一是科学系统的战略规划，二是非常强的战略执行。没有好的执行，再好的战略规划也会落空，但执行不是空谈，执行需要具体内容来进行指引。模型的下层是价值观，价值观是支撑战略的基础，公司高层要确保公司的价值观能够体现在公司战略上，各级管理者要确保价值观是日常执行中的一部分。模型的右侧是差距，战略是由不满意激发的，不满意则是企业最高领导人对于现状和期望之间的差距的具体感知。

BLM（Business Leadership Model）在业界有两种翻译：一是“业务领先模型”；二是“业务领导力模型”。两种不同的翻译，代表了这个模型可以运用在不同的场景，前者是将其运用到战略规划中，后者是用其来提升中高层管理者的领导力。

在IBM内部，BLM既是由战略管理部门开发的战略流程工具之一，也是组织发展部门帮助经理人发展领导力的工具。BLM是梳理战略性问题和执行的框架，在战略和执行之间建立明确联系，通过每个月团队管理者就战略性问题碰头而进行实施与监控。BLM强调战略和执行衔接，因而也是一个人力资源管理领域内组织发展的工具，IBM培训所有的经理人将BLM作为思考组织问题、提升领导力的标准框架。除BLM之外，IBM在战略管理方面还有其他的流程和工具。

8.3.2 华为使用BLM的深度和广度

华为最早从IBM引入BLM时，它是作为领导力项目的一部分，是为了统一华为中高层管理者的战略思维方法和框架，并提升管理者人群的领导力，因为管理者的领导力就是在制定战略规划并推动战略执行的过程中逐步培养起来的。

华为在应用这套工具的过程中发现，BLM是一套包容性很强的思维框架，可以把之前制定战略规划所使用的各种工具如IPD 的市场管理、战略解码、战略地图、平衡计分卡等融入其中。从层级上看，无论是公司战略、业务单元战略，还是各职能体系的战略都可以统一使用这一种思维框架和战略语言，于是在各大产品线和PDT制定中长期战略规划和年度经营计划时，各显神通，把这套在IBM内部只作为战略议题研讨和领导力提升的框架从各层面、各维度进行了实战化、工具化，最终固化成为华为内部战略规划的工具。

除了华为，与IBM咨询部门合作，不同程度上曾采用过BLM的中国著名企业还包括顺丰、TCL、用友、金蝶等，但是真正把BLM融入企业运营过程，将各模块各项工作任务具体定义并建立体系，将各个层级的战略和组织管理动作明确到各个环节，搭建成“业务流程”的企业，只有华为一家，也可见华为超强的学习力、执行力。就算对比BLM的“鼻祖”IBM，华为使用BLM的深度和广度也已经远远将其超越，它将BLM打造成一个用于战略制定与执行连接的管理工具与框架，同时也是战略人力资源管理的落地工具。

8.3.3 从人力资源的角度审视BLM

不断提升价值创造的管理循环，达成企业战略目标，离不开战略人力资源管理。从人力资源的角度再来审视BLM，之前我们提及的五部分内容，除了战略（设计），其余四部分内容都直接与人力资源管理相关。

1. 战略设计

战略设计包括战略意图、市场洞察、创新焦点及业务设计四个方面的内容。在进行年度的战略规划研讨和制定过程中，业务部门负责主要内容，但是人力资源管理者以及HRBP人员需要全程参与相关工作，以保证深入地理解组织业务方向和需求。简单点来看，战略设计就是设定组织的业务方向，也就是说选择做正确的事。

2. 战略执行

战略执行部分是指战略落地工作，这部分内容将以人力资源团队为主导来进行设计。战略执行包括关键任务依赖关系、正式组织、人才、氛围与文化。

“关键任务依赖关系”是承接战略设计的重要步骤，要明确能满足业务设计和其价值主张的要求所必需的行动。哪些任务是由我们来完成的，哪些任务是可以由价值网中我们的合作伙伴完成的？关键任务是连接战略与执行的轴线点，给出了执行的关键任务事项和时间节点，并对企业的流程改造提出了具体的要求。

明确了关键任务后，进入下一步完成执行的其他三项内容：①正式组织，战略执行的保障，在展开新业务的时候，一定要舍得投入人力资源和其他资源，同时要建立相应的组织结构、管理制度、管理系统以及考核的标准，否则执行的结果往往会大打折扣。HR人员要负责审视组织架构、流程体系、业务控制和薪酬激励是否支持关键任务执行。②人才配备方面，要有相应的人才去实施战略执行，如需要多少人，需要哪些技能，人才现有情况如何，如何达成需求，包括获得、培养、激励和保留人才的措施。③营建符合战略要求的氛围与文化，我们常见的管理风格包括强制式、身先士卒式、教练式和授权式，在知识密集型经济时代，大多数成功转型的企业，最终都逐渐形成了开放、授权、共享的氛围和文化。这三项都是人力资源的工作内容，需要人力资源主管及HRBP人员，组织带领业务主管完成相关的内容的制定。

战略执行部分的核心要素，是能够去正确地做事，从关键任务、人才、组织、体系四个内容上去落地战略设计明确的内容。

8.3.4　BLM上层的领导力

BLM上层的“领导力”是贯穿整个规划与实施的关键环节。公司各层管理者均需要一定的领导力进行市场持续的洞察、识别新的机会、开发并持续改进业务设计、确保业务设计以落地执行，并最终实现战略目标。在华为，战略思维能力是高层管理者必备的一种能力。华为在高层管理者选择上，候选人工作年限、资历或者说苦劳不会作为必备项，但如果缺乏战略思维能力，则无法担任高层管理岗位。

对于高层管理者，如何来提升和培养他们的领导力呢？在华为，高层领导力是通过高层管理者领导他的高层团队进行战略问题分析、机会洞察、业务设计、项目执行等任务来实现的。高层管理者对组织的业务结果负责，这就要求高层管理者本人必须亲自领导战略设计与执行。高层管理者需要通过对外部环境的持续洞察和理解，识别新的风险和机会，调整业务设计思路，并确保业务执行动作是切实可行的。完成这一系列动作，就是组织战略对领导力的要求，所以说领导力是公司战略的根本。

除了高层管理者，不同层级的管理者在组织战略中也需要发挥各自的作用，所以，公司对不同层级的管理者，领导力要求各有侧重。同时，在公司不同层面的战略规划与实施的不同阶段，对领导力的体现也各有侧重。

举例来说，在战略意图阶段，该组织的最高管理者必须高度参与，这就要求他们要有足够的战略领导力以及战略定力，带领团队突破市场天花板，对投入以及进入的市场进行取舍，实现战略性成长或者转型升级，体现高层的魄力与勇气。战略意图阶段要求的是决断力。而在战略执行的关键任务中，管理者需要足够的理解力把战略规划的任务分解，并解码到关联部门和关键责任人，同时也需要人际关系连接力让相关负责人认同、承担并执行解码后的任务。再如，作为一个事业群管理者或地区部总裁、代表处总经理，在每一个阶段所要求体现的领导力也是不一样的。

8.3.5 BLM右侧的战略差距

BLM右侧有一个关键词——“差距”。战略差距分为两种类型：业绩差距和机会差距。差距是企业负责人对现有的经营成果和期望之间的差别距离的一种量化的描述。要想缩小业绩差距，可以通过提升执行的效率，华为对执行效率的管理工具是绩效管理体系。华为的绩效管理主要分为两部分内容，即组织绩效管理和个人绩效管理，它们都属于人力资源管理的范畴。再来看《华为公司人力资源管理纲要2.0总纲》的第二部分的内容——“展望未来的变化与挑战”，把展望和现状放在一起进行对比，中间的就是差距，这部分差距所提出的工作要求，就是组织管理改进和个人能力提升。组织绩效管理用以填补组织绩效差距，个人绩效管理针对个人绩效差距改进。

8.3.6 BLM下层的价值观

价值观是战略设计和执行的基础，价值观对战略的影响作用渗透在每一个阶段的每一个步骤中。“企业价值观是企业精神的灵魂，保证员工向统一目标前进”，它对战略中的各层级领导力提出了管理要求。

华为的核心价值观浓缩为四句话：“以客户为中心，以奋斗者为本，长期坚持艰苦奋斗，坚持自我批判。”从每位员工加入华为的第一天，就已经被告知的价值观，是整个战略管理的基础。作为业务和战略首要责任人的高层管理者，要确保华为的价值观能反映在组织的战略上，各级管理者要确保华为价值观是日常执行中的一部分。对每个人来说，公司的价值观是做出每个决策与每个行动的基本准则。当某一项工作面临两难的选择时，或在一些特定情况下难以做出抉择时，就需要回到基本准则来审视，哪一个可能会更适合一些。

例如，就战略意图来说，在相近的内外部环境下不同价值观可能导致市场洞察的不同结论从而确定不同的战略意图，同时对创新焦点和业务设计也会产生不同的影响。这些可能的因素包括：是利润最大化还是客户第一？是重视长期利益还是短期利益？是不断创新还是稳健发展？组织对价值判断的取舍都会对战略产生影响。华为有了企业价值观的基础，“以客户为中心”永远排第一；如果没有长期利益保障公司的生存，只看短期，也不符合“以客户为中心”的理念，只是还需要考量更多的因素。企业价值观的基础，给战略的设计和执行提供了基本的准则。

8.3.7　根据BLM搭建战略规划体系

华为根据BLM搭建其独特的战略规划体系，每年公司各级组织进行战略规划研讨，输出组织的“五年规划”，然后明确下年度工作计划，即业务计划。公司的所有业务工作，包括人力资源工作都是围绕业务计划和战略规划来开展的。

所有根据业务计划明确下来的业务活动，都应该是能够让组织有效创造价值的要素，通过对这些要素和人员进行有的放矢的管理，才能发挥人力资源价值创造管理的作用，推动组织创造更多价值，业绩上不断突破。同时，只有对要素进行科学管理，才能确定每一要素在企业价值创造过程中的重要度和价值贡献度，从而深入制定人力资源管理工作的要点。

这里再次需要强调，价值创造过程必须有核心价值观做牵引，以企业的核心价值观创造价值。著名学者科特勒等经过实证调查得出结论：其一，企业文化对企业长期经营业绩有着重大的作用。其二，企业文化在21世纪前10年内很可能成为决定企业兴衰的关键因素。

华为发展到今天，公司对人力资源管理的要求是需要前瞻性地考虑业务战略对人力资源管理的需求，主动与业务需求对接，主动思考如何保证战略有效实施。

人力资源价值创造管理就是基于华为的业务战略，在企业价值观的指导下，科学系统地分解业务需求，将人力资源管理落实到业务工作每一细节，包括组织、人才、氛围等举措，并积极推行落地，完成企业的价值创造。

8.4　持续激活组织的价值评价与价值分配

上一节在介绍BLM时，已经阐述过企业价值观在战略管理中的重要性，它是战略设计和执行的基础。

企业价值观在人力资源管理中最直观的体现便是在管理中处于两难选择的时刻，选项一的处理方式可行，选项二其实也可以，但必须只能二者选其一，这时该如何选择？最终支持这个决定的便是核心价值观，也就是回溯到企业价值观来进行审核评定。提倡什么？反对什么？培养什么？抑制什么？基本的规则和企业精神是什么？例如，一个晋升名额最终有两个人选，甲和乙各有优缺点，难分伯仲，选择哪一个，淘汰哪一个？最终评定基本原则，就来自企业核心价值观。正如华为人力资源管理实践所要求的，贯彻核心价值观，为业务提供专业解决方案。

回顾前面我们已经介绍过的价值链管理体系的主要内容。价值链管理的后两个环节，即“价值评价”和“价值分配”，都是企业家和管理者们所公认的管理难点。

8.4.1　价值评价

价值评价是一个世界级的难题，华为三十多年的人力资源管理也一直致力于解决这个难题。举个简单的例子来说，华为最早是先有考评部后有人力资源部（干部部），这是华为的一个特色，也由此可见华为对价值评价的重视度。华为先后从国外咨询公司引进过四套和价值评价相关的管理方法，包括最初的海式法“岗位价值评估”，之后是英国国家职业资格体系，也就是华为任职资格的雏形，再后来是关键绩效指标（Key Performance Indicator，KPI）评估方法，最后引用了IBM的个人绩效体系（Personal Business Commitment，PBC）。现在华为的价值评价体系是基于BLM战略规划，并综合和结合了平衡记分卡思路的一套特有的战略绩效管理系统。

除此之外，华为还建立了价值观认同评估和劳动态度评估体系，将公司的核心价值观与评价管理实践更切实地结合在一起。

这四套与价值评价相关的体系，职位评价体系、任职资格评价体系、绩效评价体系以及劳动态度评价体系，搭建了华为价值评价的框架思路，从而帮助华为进行科学的、合理的、相对公平的价值评价。华为价值评价的管理逻辑如下：以职位评价体系解决各职位的相对价值问题，以任职资格评价体系解决员工的职业化行为与能力发展的问题，以绩效评价体系对业绩进行确认以及持续进行绩效的改善，以劳动态度评价体系解决价值观与文化认同的关系。这其中，职位评价体系和任职资格评价体系会根据公司战略发展不断进行审视、调整、优化，此类管理动作随时进行；绩效评价体系的基本原则也会基于人力资源最高管理团队的要求而调整；劳动态度评价体系是一个年度管理动作。随着公司管理要求不同，评价框架和标准也会进行调整，如近几年对于使命感一项的分值占比就有所提高。

《华为公司基本法》的起草顾问之一，彭剑锋老师认为，华为的人力资源系统中做得最好的就是评价体系，这是华为的核心能力之一。而华为的价值评价体系能够做得好，根本的一点就在于做好了顶层设计，符合公司战略导向和文化价值取向的要求。能够将公司核心价值观和战略发展要求融入管理实践中，才能够进行最优价值评价，有效实现价值链管理。

8.4.2　价值分配

根据人力资源管理理论，“价值分配”中所分配的内容不仅包括基本工资、提成、奖金、红利、股权，还包括职权、信息、机会、学习、荣誉等。企业进行价值分配需要参照价值创造的理念和价值评价的结果，进行企业薪酬体系的设计，从而确定企业的薪酬等级、薪酬结构、薪酬水平、薪酬通道、内部人才发展通道等。价值分配框架和薪酬体系设计属于人力资源管理技术范畴，但其指导思想离不开企业价值创造理念、企业文化和企业薪酬策略。如何将价值评价结果与价值分配有机结合起来，是验证企业人力资源管理体系是否有活力和扩张力的重要依据。

早在《华为公司基本法》里，华为就对价值分配进行了定义，“价值分配形式：华为可分配的价值，主要为组织权力和经济利益。其分配形式是：机会、职权、工资、奖金、安全退休金、医疗保障、股权、红利，以及其他人事待遇。我们实行按劳分配与按资分配相结合的分配方式。”

在《华为公司人力资源管理纲要2.0总纲》里，华为再次对“合理分配价值”提出了更细化的要求：“丰富激发员工价值创造动力的手段，物质文明与精神文明建设并重；构建全价值链贡献分享机制，让更多、更好的资源参与公司价值创造过程；基于不同业务与人群的不同责任贡献，构建差异化价值分配机制，撬动更大的价值创造；机会与薪酬激励管理既要提升针对性，向促进公司有效增长的新业务与做出突出贡献的超优人才倾斜；又要注意避免破坏公司集体奋斗传统的继承与发扬。”

管理发展到今天，企业管理者们都深刻意识到人才对于企业的重要性，正如我们在之前所提及，在任正非看来，企业的核心竞争力必须要从人才再向前延伸思考，不能停留在人才表面，而是培养和保有人才的能力。如果没有保留和发展人才的能力，招募了再优秀的人才留不住，不仅增加了企业的成本，还可能浪费了双方的发展机会。要想留住人才，利益分配才是关键，所以说，企业持续发展的动力不是人才的问题，是利益分配的问题。换句话说，能激励人才的利益分配机制才是企业持续发展的动力。

从始至今，可以看见华为一直将价值分配作为管理的核心内容，不断思考，在差异化、多样化、合理化上持续调整以适应公司的业务发展要求。华为承认物质激励分配的重要性，任正非曾经对外回答他在华为的主要工作，就是分钱。在任正非公开的讲话和发言中，他一直都大大方方、直接坦率地谈及分钱事宜，这显示在华为的最高领导层，从来都不逃避且认可钱对员工的激励作用。但同时，在华为的管理纲要中，物质激励从来都不是排在价值分配的首要位置，组织机会、长期发展才是最主要的内容。

对物质激励的分配能激活组织的战斗力，对非物质激励的分配则支撑了公司长期的战略发展。所以，华为一方面以物质激励推动员工在当前岗位全力奋斗，另一方面以非物质激励牵引着员工向着公司关注的业务领域持续奋斗，其基础理念就是有效实施了人力资源的科学管理。

华为就是以价值链管理中的“价值分配”为核心，将公司的干部、人才与组织高效整合在一起，保证公司上下一条心，积极进取，不断突破，取得了今天的成绩。

在这一小节里，我们仅基于人力资源价值链管理的理论思维介绍关于“价值评价”和“价值分配”的总体管理思路。与此本部分内容相关的“华为评价与激励机制”将在第10章进行较系统的阐述。

第9章
干部管理：把“秀才”变成“将军”

任正非认为，在华为当干部就是一种责任，是一种牺牲了个人欢愉的选择，更是一种要做出更多奉献的机会。为了确保干部队伍能够契合公司的期望与要求，华为针对干部管理建立了专门的组织，搭建了相应的管理体系与制度。从管理体系上的独立可以看出，华为对于干部管理与员工管理，在思维、模板、方法上有着差异性的诉求。华为的干部管理体系就是在公司人力资源整体政策和规则框架下，将干部管理政策和规则与业务部门的实际相结合，方向清晰且保持弹性地对干部进行管理，最终让政策的效果能达到预期，符合差异化实际需求。

9.1 干部选拔制：给每个员工公平机会

“公司决定今年破格提拔4 000到5 000名优秀员工，我们让优秀人员快速成长，但是以责任结果考核干部的政策不变。”2017年伊始，任正非在市场工作大会上做了关于如何在华为内部培养人才和下一代核心接班人的讲话，表示华为要从铁的奋斗洪流中选拔成千上万的接班人。他在讲话中还强调，绝大多数华为员工都是英雄，每一名员工在实践中方能显其奋斗本色，公司的管理则通过流动保持组织的活力。

“坚持从成功实践中选拔干部，打造富有高度使命感与责任感，具备战略洞察能力与决断力、战役的管控能力，崇尚战斗意志、自我牺牲和求真务实精神的干部队伍”是华为在5G时代来临时提出的核心工作之一。

实行干部选拔制的前提是需要搭建一套较完整的干部管理体系。《华为公司人力资源管理纲要》中对于干部管理的思路、体系及制度进行了框架性的介绍。

华为的干部管理框架分为四个层级，最基础的层级是干部“队伍建设”，主要是阐述如何系统性地提升干部队伍能力，怎样为华为业务的持续发展源源不断地提供优秀的干部资源。往上一个层级是干部的“使用与管理”，这部分内容关注如何将合适的干部配备到合适的岗位，如何通过干部系统的在岗管理和使用，持续地为客户创造价值，践行公司价值观，完成公司短期业务目标，实现公司长期战略目标。再往上一个层级，即第二层级，讲述干部的“要求与标准”，核心概述华为的干部是什么（TO BE）？以及该如何衡量干部是否合格。最顶层一级是关于干部的“使命与职责”，阐述华为公司干部存在的理由和价值，即“干部为谁创造价值”，“创造什么样的价值”。

9.1.1 当管理者意味着承担责任

华为对干部责任的准确定义，是华为干部选拔制实施的最核心要素和最明确指标。在华为，当管理者意味着承担责任。在华为《干部管理纲要》中，对干部的使命和责任进行了理论性的描述："干部的使命与责任，就是践行和传承公司文化和价值观，以文化和价值观为核心，管理价值创造、价值评价和价值分配，带领团队，持续为客户创造价值，实现公司商业成功和长期生存。”这段明显带有华为特色的阐述看似词句非常熟悉，但如果真要让读者能够理解消化，这些文字需要进行解码转换。

以价值链为管理核心的管理理论，将管理者的管理工作分为三个重要部分：带领下属团队全力创造价值，正确评价下属团队的价值贡献，合理分配给团队及个体应得价值。换为白话来说，干部的主要使命和责任，一是创造价值，就是能够带领团队创造利润，再直接点说，就是能够带领团队赚到钱，赚到钱公司才能生存下去；二是评价与分配价值，评价的结果是为了应用到合理有效的价值分配中，也就是要把钱（利益）分好，把钱分到最该分的地方，激励到最该激励的人，这样公司才能实现长期发展。这两项主要责任，都建立在公司的文化和价值观上，文化和价值观是指导整个价值链管理的基座与初心。

对一个部门管理者来说，能完成短期的商业目标和支持公司的长期发展，是对干部选拔的基本要素。正如华为高管在内部讲话中提及的："干部获得提拔的充分必要条件：要能使所在部门盈利；要有战略贡献。如果你不能使这个代表处产生盈利，我们就对你末位淘汰；如果你有盈利，但没有做出战略贡献，我们也不会提拔你。"责任结果就是华为干部选拔的硬指标。

9.1.2 "猛将必发于卒伍，宰相必取于州郡"

华为的干部选拔过程遵循"猛将必发于卒伍，宰相必取于州郡"的理念，以"上过战场，开过枪、受过伤"为选拔条件，基于责任结果，优先从具有一线成功实践经验、从影响公司发展的关键事件中、从长期坚守艰苦地区和艰苦岗位的人员中选拔。

华为强调从有成功经验的人群中选拔、培养，反对纸上空谈。为什么要选拔有成功经验的员工以及从成功团队中选拔呢？华为的管理团队认为，不管大项目成功、小项目成功，这类人群总有一个适用的方法论，他们已不是仅仅拥有知识，而是已经将知识转换成为能力。经过再次强化培养后，又善于总结与自我批评，那么就可能会再有一点进步，贡献就会再大一分。

从影响公司发展的关键事件中选拔干部，指的是要选拔、培养对公司忠诚、愿意艰苦奋斗、绩效结果突出和在关键事件考核中突出的优秀骨干，也包括在关键事件、突发事件、组织利益与个人利益冲突时的立场与行为。

华为重视员工在关键事件（如当公司经营出现危机时、当公司需要采取战略性对策时、当公司实施重大业务和员工管理政策调整时、当公司业务发展需要员工一定程度上牺牲个人短期利益时等）上的态度和言行，员工在关键事件中表现出的鲜明立场、敢于为公司利益而坚持原则的表现是公司所倡导和高度认可的。当公司面对危机或重大内外部事件时可以信赖和依靠的员工，能与公司同呼吸、共命运，在各层各级各类岗位上忠实履行职责、持续奋斗的员工，才是公司长期发展的同路人。

华为也强调优先在主攻战场、一线和艰苦地区选拔干部，要从那些愿意接受挑战的人群中选拔干部。这一点再次体现了华为的核心价值观——“以奋斗者为本”。如果奋斗者愿意克服困难接受更严酷的挑战，不管这种挑战是基于外在客观环境条件的艰苦，还是基于项目难度的攻坚课题，公司的选拔制度必定要往这部分人群有所倾斜。要在艰苦地区培养和选拔干部，也并不是说发达地区就不能成长优秀干部。发达地区的干部则更要求职业化，因为其对手及客户可能水平会更高。这类人群如果愿意到艰苦地区工作，做新方法的种子，公司也会十分欢迎，这就是华为所提及的白求恩式的放弃优裕的生活环境来艰苦地区工作的干部。

“干部是自己打出来的”是华为基本的干部选拔理念。在成功实践中选拔干部、在关键事件中考察干部、在战火中磨砺干部，才能从千军万马中选拔出一支具有高度使命感和责任感，敢于担当、勇于牺牲，能引领组织前行的“火车头”队伍。换而言之，华为的干部一定是要从基层一线来的，没有基层一线成功实践经验的人员是不能被选拔成为干部的。

9.1.3　给予所有员工公平机会

华为的人才获取方式，创造了给予所有员工公平机会的基础。经过不断地调整和优化，在2018年3月最新发布的《华为公司人力资源管理纲要2.0总纲》中，已经将“人力资源的开放性”作为人才管理的指导思想之一，其内容为“炸开人才金字塔塔尖，全球能力中心的人才布局”。这个新的提法充分地将华为人才观“积极、多元、开放”提到了一个新的高度。

但是，无论金字塔的顶端是否完全不拘形式地开放，华为的基本人才获取方式仍是不变的，华为普遍人才的主要获取途径还是应届生校园招聘，校园招聘在中国区域的人才招聘比率不低于90%，在很多海外区域也逐步大量地采用了应届生招聘模式。相比之下，极少量的空降管理人员的特殊引进方式不会影响到绝大部分员工的发展上升路径。

经过较为严格的校园招聘流程筛选入职后的应届毕业生新员工，在华为经过新员工培训后开始他们人生的第一段职业生涯，从同一个起跑线上开始出发，沿着人才发展的路径，走上管理或专业的发展路线。

一样的起点，给了每年数以万计的新员工以新的希望。华为坂田的大楼里挂满了各种文化价值观宣导的宣传词画，正如前面介绍过的那只布满伤痕的芭蕾舞脚的摄影作品，给无数华为员工和参访者留下了深刻印象。“伟大的背后都是苦难。”罗曼·罗兰如是说。华为希望传递的价值观是，每个光芒四射的背后都累积着不懈的努力，每个员工都有成为将军和英雄的机会，只是路途需要经历无数艰苦的磨炼。

9.1.4 给奋斗者更多的激励和发展机会

2016年10月28日晚间，华为在深圳总部举办了一场名为“出征·磨砺·赢未来”的研发将士出征大会，集结了华为2 000多名高级专家及高级干部走上“战场”，奔赴欧洲、东南亚、中东、美洲、非洲等全球各个角落，让他们真正去理解客户需求，背上他们自己制造的“降落伞”，“空降”到“战火缤纷”的“战场”。

72岁的任正非精神矍铄，在出征大会上发表演讲，激励现场的2 000名员工：“时代呼唤英雄儿女，只有组织充满活力，奋斗者充满一种精神，没有不胜利的可能。春江水暖鸭先知，不破楼兰誓不还。”

为了激活组织，给奋斗者更多的激励和发展机会，华为对于此次奔赴海外的员工足够的激励，这些选拔出来的员工多数获得了级别提升，其中有5名员工连升3级，按照华为员工多数每两年上调一级的规则，升3级大概需要6年时间，与之挂钩的是薪水的跃升。

华为就是通过这样振奋人心的覆盖全球业务的行动与操作来实践与宣传“干部选拔制”，给所有愿意奋斗、充满热血的员工以公平的发展机会。

华为长期以来所坚持践行的干部选拔制，从选拔核心要素和过程上进行了明确的规范，给全公司广大基层员工指明了上升的路径。奋斗者只要愿意到一线作战，愿意不断成长、持续做出贡献，就有成为“将军”的可能。

9.2　干部培养制：训战结合，在实践中培养“将军”

“训战结合”是华为长期以来所提倡的人才培养方式，“训战结合”的思维从2005年华为大学建立后就出现在无数能力发展项目中。但是，为什么到了2015年，华为的业绩如日中天，赶超所有友商，从行业的“积极跟随者”成功晋升为“行业领先者”之后，任正非又再次强调“训战结合”，并通过升级战略预备队的方式将“训战结合”全面铺开呢？他在2016年战略预备队建设汇报的讲话中表示：华为需要一支有铁的纪律、铁的意志的队伍，需要两万“营团干部”，希望一万是“将军”。

9.2.1　战略预备队：下一轮变革的转换中介

从战略出发高瞻远瞩、未雨绸缪，从成功的历史经验中学习，采用选拔性的培养，是任正非长期以来的管理要素。任正非是一位危机与风险管理意识非常强的企业领袖，回顾2000年华为业务在国内市场到达巅峰的时候，他就在企业内部刊物上发表的个人代表作品——《华为的冬天》一文，在互联网泡沫之前在华为内部敲响了警钟。

2015年之后，华为眼看要迈入创业30年，全球“黑天鹅”事件不断出现，信息时代、大数据、人工智能对于未来的影响难以估测，任正非再次感受到，“华为公司想不死就得新生，我们的组织、结构、人才……所有一切都要变化。”战略预备队，是在全公司内推行下一轮变革的转换中介。

任正非的管理思维还借鉴了很多军队管理的优秀理念，包括美国军队和中国军队，在华为内部深受推崇的《亮剑》，就多次在华为内部的干部培养中作为案例进行讨论。《亮剑》中的李云龙、丁伟这些战功显赫的武官，在战争结束后进入军校学习，经过军校的锤炼后成功转型到新的岗位。这就是任正非提到的当年石家庄的华北大学，曾集中培养了新中国的两万营团干部。战略预备队的建立意义就沿袭了华北大学的思路。另外，战略预备队推行的另一个作用是防止干部队伍出现一定的板结，促进人才按需流动，有序引导优秀干部奔赴新机会、做出新贡献。

9.2.2 战略预备队：训战结合的干部培养方式

2016年伊始，华为的战略预备队在经过了3年的一定规模运作后，进入一个新阶段，年初的战略预备队举行了宣誓仪式，以任正非担任正非队队长的战略预备队在公司范围内轰轰烈烈地铺开。华为心声社区发布了任正非的讲话："目前战略预备队的训战规模还不大，在我心目中，将来每年应该要训战1万~2万人。”战略预备队的全面铺开，将华为训战结合的干部培养的方式，提到了新的高度，也提出了新的要求。

如任正非所提出："战略预备队整个体系不只是市场，也包括研发、财经、管理、供应等所有体系。要有效运作，需要有一个强有力的组织。我们要转换，把优秀的干部输送出来，进行面向未来的训战结合，建立适应作战方法的能力，把他们再送到一线，重新参加作战。”

战略预备队由公司战略预备队指导委员会进行管理，最高领导者是任正非，华为当时的三位轮值首席执行官担任指导委员会的委员，公司人力资源部总裁也是委员之一。战略预备队直接向任正非汇报工作，基于不同业务部门设置各业务线、业务群、部门战略预备队，每个战略预备队在公司的统一思路下制订各自的训战方案并负责实施。

全公司范围内设置了将近20个战略预备队，把所有适合条件的人员进行集中培养，都放入战略预备队的资源池中进行管理。战略预备队的入队周期是半年，通常人员入池之后先进行岗前培训，完成必要的科目培训后，就放入相应的项目中去进行实践实战，完成项目之后，再回到战略预备队中，将项目实战中获得的业绩、经验、体会等内容汇总进行答辩，通过答辩的人员才可以出战略预备队。

9.2.3　战略预备队人员的选拔

能加入战略预备队的人员都是公司的优秀骨干人员。战略预备队人员有以下几个来源：

- 选拔每年绩效排在前25%的优秀人员进战略预备队。就华为的绩效考核制度，绩效必须是B+以上的人员，才能有机会进入战略预备队。
- 因外部环境受影响的海外员工。国际形势风云变幻，可能在部分风险国家公司要收缩投入，这些国家的员工，可以转移到战略预备队中，让他们有地方充电，做好投入下一轮战斗的准备。
- 因公司结构性改革而盈余的人才。例如，公司可能需要关闭一些产品开发组织，里面也有大量人才，让他们进入战略预备队重新找机会和找方向。

通过战略预备队进行一层一层的筛选，选拔出其中最好的人才。公司希望将所有的骨干都放入战略预备队资源池中，让池中的人才都能进入真正的战斗，提高实战技能，成为公司未来发展的储备力量。

按照公司的要求，华为最大的体系——研发体系，每年要向一线输送大约2 000人。但是这些人员不是直接去一线，因为研发人员直接到一线难以找到工作方向。那么这些人员就需要进入战略预备队资源池，参加训练、开展项目作战，感受和体会前方和后方之间的差别，然后再派遣到一线。从研发到一线可能会有一个过渡适应期，为了快速激发这类优秀人才的积极性，可以先在职级和薪资上进行一定调整。专业人才经过两三年的一线熏陶和考验，逐步深入理解客户需求，成为将来的产品线干部，未来的“将军”也会从这些人群中产生。

一个组织要保持有持久的活力，需要不断有新生的血液补充进来，而不能出现干部流动板结化、干部结构老化，华为认为，“新生血液包括我们这些愿意接受新事物、新观点、能保持持续学习能力和意愿的各级高级主官与专家。”“训战结合”的战略预备队资源池的建设是公司的新生血液制造机制，不断冲击可能僵化和板结的架构，让组织的血液畅通循环。“公司必须持续不断地、永恒地促进组织血液流动，增强优秀干部、专家的循环赋能。”

“战略预备队是一个长效机制，不只是3年，过程中内容可能会不断变化，但这种循环赋能的机制是永生的。西方的大裁员缺少继承性，我们是在继承性的基础上不断改良前进，循环赋能实际上就是在改造我们的队伍。”

华为已经进入产业的世界领先行列，“训战结合”的战略预备队机制是为下一轮的结构变革搭建好能力基础。变革是痛苦的过程，但是不变革就无法适应快速发展与变化的环境。变革也是一个快速成长的过程，华为“以奋斗者为本”的分配机制确保了愿意成长的人才将有更多的机会和发展。“天将降大任于斯人也，必先苦其心志，劳其筋骨，饿其体肤，空乏其身，行拂乱其所为，所以动心忍性，曾益其所不能。”这是华为优秀员工的座右铭。

9.3　干部培训制：用最优秀的人培养更优秀的人

任正非曾经说过，所谓企业管理者的领导内涵，就是大机会时代有战略耐性，能够用最优秀的人培养更优秀的人，懂得用沉稳、细心、胆识、大度、诚信、担当、学习去领导千军万马。

正如我们前面所提及的，在《当干部是一种责任》一文中，第一条对高中级干部的修养要求就是：每一个骨干员工都必须努力培养超越自己的接班人，这是华为事业源源不断发展的动力。只有人才辈出，继往开来，企业才能实现事业兴旺发达。

9.3.1　对新员工进行企业文化和价值观培训

华为每年入职的庞大新员工队伍要求从公司层面搭建人才培训培养体系，以帮助新入职人员快速走上岗位，有效支撑业务需求。

华为的人才获取模式决定了需要有强大的人才培养体系。华为的外部人才获取模式，主要分为校园招聘和社会招聘两个途径，在中方员工的获取中，超过90%以上的人员来自校园招聘，社会招聘仅针对业界专家级别或部分需要从外部快速获取的关键岗位。基于专业背景和个人素质所选择进入公司的校园招聘到的应届毕业生，这部分人群数量众多，工作经验空白，为了尽快让他们能够在所分配的岗位上快速启动工作，则需要在进入部门前对其进行系统的基础工作规范技能培训、专业技术培训以及岗前培训等。

华为的企业文化特色决定了需要对加入公司的新员工进行企业文化和价值观培训。华为对于价值理念与文化的重视可谓到了极致，正如任正非所说：“世界上一切资源都可能枯竭，只有一种资源可以生生不息，那就是文化。”华为的企业文化是华为的核心竞争力。华为公司最核心的价值理念是“以客户为中心，以奋斗者为本，长期坚持艰苦奋斗”。除此之外，华为文化还包含“危机意识”“自我批判”“开放、妥协、灰度”“共享”“主航道”“先僵化、后优化、再固化”等内容。每一句话，每一个词语，后面都有其丰富含义和解读，也都通过公司长期实践在支撑。只有对新员工进行深入的文化宣导，才能让他们透过纸面去理解什么是华为精神的真实含义，才能让他们快速地认同成为公司发展的同路人。

华为庞大的组织架构管理体系和流程管理思维要求对加入公司的新员工进行公司管理制度的框架性介绍。一个员工超过19万人的公司，人员分布全球，所有中方员工都进入全球调配资源池，其组织架构管理体系之庞大是外界难以想象的。华为实施全流程管理，资源调配虽有一线授权政策，但整体上来说仍属于中央集权管理，每个员工都分属流程的一个环节。在这种体系制度下，即便业界经验丰富的专家级人员进入华为，仍需要花费时间与精力来了解公司的运作制度，大至业务流程管控，小至个人费用报销。所以，采用系统培训帮助新员工了解公司基础运作是必不可少的环节。

9.3.2 对新员工的技能培训

华为的新员工都需要参加封闭式的大队培训，培训历时5天，内容包括《华为公司介绍》《华为核心价值观》《华为员工商业行为准则》等，还有一系列主题活动、辩论赛、小组研讨、华为员工大合唱、户外主题活动等。

大队培训结束后，不同体系的新员工需要进入不同的训练营参加专业必备知识培训。例如，技术服务线的员工进入一营培训，客户线及产品线的员工进入二营培训，研发体系的员工进入三营培训。具体培训的时间长短可能会根据公司战略进行调整，最长的培训时间可能会达到半年。

完成大队及分营培训后，员工到了部门还根据需要参加相关的技能或操作培训。另外，每名新员工在入职前半年都会有指定的导师辅导其快速融入工作环境和氛围，指导其开始具体工作。

在上一小节中，我们介绍了华为以战略预备队为主要载体的“训战结合”方式。除了近几年来轰轰烈烈开展的预备队培养方式，华为长期以来针对关键岗位都有着完善的培训培养体系，如华为的项目管理培训体系。华为的业务都是通过项目制式开展的，对公司以及各级团队的项目管理是来自客户和内部运作的硬性要求，所以，华为有着从高到低各系列的项目管理培训课程。通用层级的有《成功的项目管理》，这门课程覆盖了公司所有员工；应用层级的有针对研发的IPD项目管理、IT项目管理、工程项目管理、销售项目管理等课程；高层级的有基于大型项目操作实践的高级项目管理研讨。除此之外，华为还有基于美国PMI项目管理知识体系的PMP专业项目经理认证系列培训。每一门课程里都包含了系列的内容和案例，案例大多来自公司实践，是公司组织专家及一线人员提炼与整理后放入课程之中的。所有项目管理培训的老师，都有着丰富的项目管理经验，绝大部分是公司管理人员。

9.3.3　不同层级的培训体系

正如华为管理层在高校招聘宣讲中所阐述的：“华为的培训体系十分完善，我们是像战斗一样训练。新员工培训，帮助你理解公司、快速融入；优秀员工，通过参加战略预备队培训，循环积累专业能力；初级、中级管理者，通过干部发展项目，完成管理者的转换；还有高级管理者，通过研讨班提升视野，理解战略、践行核心价值观。”

华为内部培养体系中的讲师及课程组人员都来自华为的管理层，同时可能有少量的表现优秀的资深骨干员工。最值得称赞的是，华为的高管团队在人员培养中以身作则，都参与到公司的能力发展培养项目中。华为的人员能力培训培养和公司业务一样，都是通过项目制式来开展的，每一个项目都会进行正式任命，有项目赞助人/责任人。华为的每一个培养项目的负责人都是所覆盖人群的最高领导。例如，上一节中所介绍的，华为的战略预备队的指挥官就是任正非本人。最高层管理人员的参与与监督保证了公司用最优秀的人培养更优秀的人。

任正非在2016年《为祖国百年科技振兴而努力奋斗》一文中提及，华为和国家一样，正全力“用最优秀的人去培养更优秀的人”。

“用什么样的价值观就能塑造什么样的一代青年。蓬生麻中，不扶自直。奋斗，创造价值是一代青年的责任与义务。

我们国家百年振兴中国梦的基础在教育，教育的基础在老师。教育要瞄准未来。未来社会是一个智能社会，不是以一般劳动力为中心的社会，没有文化不能驾驭。若这个时期同时发生资本大规模雇用‘智能机器人’（过去的机器人，是机器，不是人。未来的机器人，是‘人’，不是机器，智能机器人有自我学习能力），两极分化会更严重。这时，有可能西方制造业重回低成本，产业将转移回西方，我们将空心化。即使我们实现生产、服务过程智能化，需要的也是高级技师、专家、现代农民……文化不高的劳动力将失业。因此，我们要争夺这个机会，就要大规模地培养人。”

9.4　干部管理制：三权分立，分权制衡

三权分立，也称三权分治，基本原理来自西方资本主义国家基本政治制度的建制原则。其核心是将立法权、行政权和司法权三大权力分属三个地位相等的不同机构，相互独立且互相制衡，是当前世界上资本主义民主国家广泛采用的一种民主政治思想。

华为在干部任用中采用的具有华为特色的“三权分立”选拔方式，将西方先进管理理论与自身运营管理哲学进行融合，是华为干部管理的精髓，具备其科学性、先进性与实用性，属于管理系统的顶层设计。

华为干部管理分权制衡“三权分立”的三个权力分别指的是：

- 第一个权力，建议权与建议否决权。
- 第二个权力，评议权和审核权。
- 第三个权力，否决权和弹劾权。

华为通过三个权力的依序实施，来开展干部的选拔工作。

9.4.1　第一个权力：建议权与建议否决权

根据规定，负责日常实际运作和干部直接管辖的组织具有建议权，也就是说，该干部直接实线汇报工作的主管有着对其的任用建议权。属于矩阵管理（包括在跨部门委员会中担任成员）的干部，其所属的相关管理部门在相关建议阶段具有建议否决权。基于华为的矩阵管理方式，所有的人员都处于矩阵管理中，除了行政事务受实线部门管理，业务范畴仍需要接受业务线上层主管的虚线管理。所以，虚线管理的上层主管就对其有建议否决权，可以基于关键事件来行使建议否决权。对于干部关键事件的认定，华为内部有其认定的标准。

9.4.2　第二个权力：评议权和审核权

促进公司过程成长中能力建设与提升的组织具有评议权，这里的组织是指其所在一级部门的人力资源部门，或者由业务线HRBP部门来实施评议权。人力资源部门基于被任用人选的绩效、公司横向与纵向的管理要求等进行综合评议，如公司整体任用的大原则、战略导向、所属部门或层级的整体要求及规范等。代表日常行政管辖的上级组织具有审核权，这个组织是指所在部门的AT，即行政管理团队，通过AT的综合评议来行使审核权。

9.4.3　第三个权力：否决权和弹劾权

第三个权力，代表公司全流程运作要求、全局性经营利益和长期发展的组织应具有否决权和弹劾权，这个组织是指公司集团层面的管理部门、各委员会，以及公司党委。公司集团层面的意见会来自高层主管的判断，公司党委则负责对任用人选的品德与作风把关，来决定否决权和弹劾权的使用。在华为内部管理中，员工所提交的针对管理行为的投诉会交由党委处理，党委负责将各级员工的举报进行调查核实，如果查实确实是这个干部行为有问题，就可以行使否决权和弹劾权。

三权的程序完成以后，还需要进行公司层面的审批，除了区域管理办公室，公司所有干部的任用都要经过公司总干部部的最终审批。

三权分立的设置是为了制约权力，防止权力滥用，防止某一组织或个人的独裁和专制，从而保证组织管理上的稳定。法国学者孟德斯鸠认为：“一切有权力的人都容易滥用权力，这是一条万古不易的经验。”

华为的三权分立任用制度通过不同组织的分权制衡，在一定程度上促进了公司在干部选拔、干部配备、干部考核、干部激励等方面的全面性、公正性、客观性，较有效地避免了因单方面决策的片面性、倾向性。基于三权分立制度设置的干部监察机制，在一定层面上建立了管理的威慑系统，使干部既可以放开手脚开展工作，而又不能轻易越轨。

正如任正非所说："三权分立是为了使合理性增加一点儿，而不是说三权分立就一定能做到合理。经营团队强调一个价值标准，就是责任结果导向（不是素质导向），责任结果导向并不是以销售合同为中心，怎么评价责任结果，看各级组织的管理水平。"

在华为2018年3月发布的《华为公司人力资源管理纲要2.0总纲（公开讨论稿）》中，对接下来的干部管理任用机制提出了新要求："公司干部管理团队要逐步摸索与实施基于'干部管理权与使用权分开''两层管理、三层审结'等干部任用与评价管理体系的优化与完善，既要抓住高层关键干部任用及干部资格管理的'牛鼻子'，也要尊重用人部门的中基层干部建议或推荐权以及在具体工作中的评价权，从而导向更多的干部奔赴实战实践中接受考验。"可见在华为，三权分立的机制在实际操作中也在不断地优化和发展，根据公司的战略和业务考量，持续适配，以更好达成公司的管理要求。

9.4.4 管理机制中的重要组织：AT和ST

关于华为的管理体系，需要介绍一下华为管理机制中的重要组织——AT和ST。AT的全称为Administration Team，即行政管理团队；ST的全称为Staff Team，中文译为办公会议，为公司实体组织进行日常业务协调与决策的平台。

ST由组织常设的各部门一把手构成，其成员与岗位直接相关。例如，海外某代表处ST部门的成员包括此代表处下设所有直接管理部门的主管人员，这些干部负责带领所属团队开展业务工作。ST所需要进行的决策，主要针对业务活动。AT的成员是从ST中选拔的，并非所有部门的主管都可进入AT，只有理解公司管理思维，在人员管理方面具有较强的能力和较丰富经验的主管才能经过任命进入AT。AT的职权范围包括干部选拔评议、组织内所有人员的绩效考核评议、调薪评议、股权发放评议等与人的评价、人力资源管理相关的重要事项等。

9.4.5 如何做到“干部使用三原则”

要想做到华为要求的“干部使用三原则”，即让最佳的人员在最佳的时间段上做出最好的贡献，则需要三权分立的各个组织，基于不同的出发点思考相关的因素而做出判断。这些因素包括干部流动资源池的最佳使用、干部的曝光、干部的“之”字形的发展、干部的外部获取与推荐等。

例如，基于华为的人员管理是全球调配思路，站在公司层面的管理组织可以基于组织的战略发展方向，拉通整个一级部门、整个体系或整个业务群来考虑岗位的最佳任用人选。“干部曝光”，也是华为管理中的特有名词之一，是指管理团队应提前识别出有潜力的人员，并安排这些有发展潜力的干部在公司高层管理团队中露面，有机会被认识。例如，在项目或者日常汇报业务工作时，安排部门中能力突出的干部负责汇报。同时，公司也要求高层干部在全球出差时，寻找机会与隔层的有潜力的干部多沟通与交流。既能让高层领导了解基层干部的能力与问题，又能让基层干部得到高层领导的指导和点拨。从人力资源管理组织来看，可以通过干部履历来建议干部长远发展的更佳路径，即“之”字形的发展路径，也可以从外界资源的获取度、符合度方面给出岗位的最佳任用建议。

9.5 干部淘汰制：强化危机意识

华为从创始起就注重人才培养，近几年随着业务的快速增长加大了对人才提拔的力度，并且应用三权分立的任用制度来进行干部选拔。华为的一系列管理措施让各级组织敢于选拔优秀的低级别员工，同时，也要求各组织要敢于淘汰不作为的干部。

2018年，华为再次对干部淘汰进行阐述：“每个干部都要敢于担责，不敢担责、不行权的干部要问责、撤换。干部行权其实就是自己最大的机会，放弃使用就放弃了机会。干部要嗷嗷叫，公司才有希望。干部也不能拿公司做人情，对于做不出成绩，对于不敢淘汰和降级不合格员工的主官，要坚持每年10%的末位淘汰。不努力工作，我们与患了‘富贵病’的‘王朝’有何区别？干部撤换下来不是直接辞退，先到战略预备队或内部人才市场，让他们重新去寻找岗位，和年轻人竞赛！要让不作为的干部知道重新上岗这条路很艰难，他们才知道在岗行权担责，这才是最大的机会。”这段讲话明确了干部淘汰的硬指标，定义了哪些干部是应该淘汰的，也指明了被淘汰的干部的去处。

9.5.1 从三个干部层级上来考虑淘汰

当代最顶尖的管理咨询大师之一拉姆·查兰在他的《领导梯队：全面打造领导力驱动型公司》一书中提出了著名的领导梯队模型，该模型认为一个体系层级相对健全的跨国大公司，从一名普通员工到首席执行官会经历六个领导力发展阶段，即从管理自我（普通员工）到管理他人（业务经理），再逐次到管理经理人员（部门总监）、管理职能部门（事业部副总经理）、事业部总经理、集团高管、首席执行官的六个步骤。每晋升到一个新的层级，都面临一次转身，因为每一个层级的管理者遇到的领导力问题都有所不同。这一模型被全球跨国大企业普遍采用，思考每一个层级管理者所需具备的能力与准备。

华为在干部培养中也采用拉姆·查兰的管理转身思路，同时，结合公司自有管理哲学，将华为的干部分为三个层级：高层干部、中层干部和基层干部，用宽带的思维来构建华为干部层级。

这种从三个层面对领导力分级的思路，与美国陆军部对陆军军官领导力进行分层思考的维度是一致的：战略层面、组织层面与直接层面。和任正非一样，西方不少杰出企业家和管理大师，都善于学习军队的管理模式。管理大师彼得·德鲁克和通用电气前首席执行官杰克·韦尔奇都认为，美国陆军部在培养领导者方面是做得最好的，也建议企业管理者向美国陆军学习领导力。

华为干部管理纲要中，针对高层、中层、基层干部的差异化诉求做出了描述：高层要有使命感，中层要有危机感，基层要有饥饿感。

高层干部指的是公司各委员会成员、地区部总裁、大系统部部长、产品线总裁、公司职能部门总裁等。高层干部是公司各领域的领袖，是战略层面的领导者，应该着眼于全公司和全球的视角。高层经过多年奋斗的高报酬，已经完成了物质积累，他们有着极强的事业心，凭着对事业的热爱和激情，身体力行带领组织继续拼搏。高层干部需要有战略思维，在公司的战略愿景下制定出组织内的战略目标和战略规划，搭建能够将战略实现的组织架构，配置最佳资源。

中层干部包括代表处代表、系统部主任、副总裁及副代表、各业务线主管、首席财务官、干部部部长、产品线部长等。中层干部是组织层面的领导者，需要着眼于组织、系统和流程的视角。中层干部在经过多年激励能被利益驱动的可能已经有限，需要靠个人进取心，不断地突破自我，带领组织达成业绩。中层干部需要有复杂概念转换的能力，当组织的高层确定了战略目标和战略规划后，能够解码并分解成为作战计划和策略战术，以及可操作的业务计划。

基层干部就是直接带领员工的主管，包括所有的一线主管。基层干部是直接层面的领导者，需要着眼于团队、区域和任务的视角。基层干部队伍是一支年轻的队伍，他们大部分有着基本的生活压力，所以在激励上要做特别考虑。他们直接带领员工，负责员工的日常管理工作。他们的工作的确定性比较强，复杂性较低，根据组织设定的具体目标带领自己的团队完成相关工作，所以需要很强的责任心，确保任务的完成和结果的达成。

无论是干部任用、干部培养，还是干部淘汰，都会从三个干部层级上进行考虑和操作。每一个层级的干部，公司都会基于对其诉求，来考核其是否胜任。

9.5.2 淘汰的重要指标：干部的绩效

淘汰的一个重要指标，是干部的绩效。

和普通员工不同的是，华为干部的绩效分为两部分，一是其所负责的组织绩效，二是其个人绩效。

组织绩效管理，首要工作是需要设置组织目标。设定组织目标的依据是组织的战略规划和当年业务计划，基于这两套计划来设定当期的组织绩效目标。在组织绩效目标设定时，基于平衡记分卡原则，从财务层面、客户层面、内部管理层面、学习与发展层面四个维度设置KPI指标。公司相关的业务管理线根据公司的关键管控点会提出具体的管理要求，如提交月度PBC简报、业务单元业务简报、交付简报、财务简报、人力资源简报等。每年年底干部需要完成述职。对于每一个利润中心的干部，该组织当年的财务指标会是重点的考核项，盈利是所有组织能够生存下去的基本条件。

个人绩效的框架与员工绩效管理相同，基于个人绩效承诺（Personal Business Commitment，PBC）的设定。干部的个人绩效目标承诺的第一项是个人业务目标，包括个人所承接的KPI和关键任务；第二项是组织与人员管理目标，组织与下属团队的发展是否满足公司战略发展要求，会进入考核评分；第三项是个人能力提升计划（Individual Development Plan，IDP），这部分内容需要制订计划，由个人负责完成，不会作为评分项。

干部基于所负责的组织绩效与PBC的综合得分，经公司评定后得到自己的绩效考核结果。绩效考核的结果是干部淘汰实施的重要指标。

9.5.3 坚持每年10%的末位淘汰

正如华为内部文件上所明确的：“对于做不出成绩，对于不敢淘汰和降级不合格员工的主官，要坚持每年10%的末位淘汰。”这里所说的10%，基本就是指的绩效考核的末位10%。

华为的干部淘汰指标管理比员工淘汰指标管理更为严苛，即便在最优秀的体系和部门，组织绩效考评拿了A的部门，每年也必须淘汰10%的干部。被淘汰的干部做回普通员工，可以回到技术线贡献自己的专业技术，如果还希望回到管理线，也可以通过自身努力提升相关能力和业绩后，重回管理岗位。

华为的干部末位淘汰制，加强了各层级干部的危机意识，和公司顶层的危机管理哲学思维保持一致。一个组织长期运作，如果干部队伍都安于现状，甚至对业绩沾沾自喜，只有正向激励而没有惩罚，组织就会慢慢地松散。“干部末位淘汰”和管理学著名的“鲶鱼效应”是同一个思路，要让队伍有忧患意识，保持危机感和警惕性，组织才能长久发展。

华为通过干部末位淘汰，也激励了在岗干部冲锋作战，一定程度激活了干部的板结，“能上能下”给有能力的干部以更多机会。

华为的干部末位淘汰主要集中在主官、主管上，像华为这样的技术密集型的高科技企业，公司的所有员工都受过高等教育，每一名员工都具备了当“将军”的潜质。干部淘汰制，给公司的新员工、后起之秀提供了上升机会与空间。

根据华为的“易岗易薪，人岗匹配”制度，岗位调整后人员的薪酬福利等也有可能会进行相应的调整。

9.6　干部学习制：不像大学的华为大学

任正非说，华为想要获得持续成功，有三个要素：必须有一个坚强、有力的领导集团，必须听得进去批评；有一个严格有序的规则、制度，同时这个规则、制度是进取的；要拥有一个庞大、勤劳、勇敢、善于学习的奋斗群体。

为了把华为打造成一个学习型组织，2005年华为正式注册成立了华为大学，由当时的公司董事长孙亚芳担任华为大学校长。华为大学属于华为的子公司，独立运作核算，在公司的组织架构上是一级部门，是一个独立的体系。

华为大学，被业界誉为中国企业的黄埔军校，为华为员工及客户提供众多培训课程。2005年至2017年，华为大学位于深圳坂田，是华为基地中独立的一个系列建筑群，教学区占地面积15.5万平方米，建筑面积超过9万平方米，绿化覆盖率超过85%。华为大学拥有九千多平方米的机房、一百多间教室、五百多个办公座位，每天有两千多名客户和员工在校区参加培训。在园区对面是华为基地的百草园生活区，生活区提供三星级酒店、西餐厅、咖啡厅、网吧、祈祷室、超市、健身房、游泳池、美容中心等各种休闲健身场所，设施齐全，充分满足了不同国度、不同宗教信仰的学员学习和生活需要。

2018年1月1日起，华为大学逐步搬迁到东莞松山湖高新区的新校区，新校区占地总面积约33万平方米。

9.6.1　华为大学要成为将军的摇篮

2006年，任正非在华为大学和党委领导座谈会上发表讲话，提出“华为大学要成为将军的摇篮”的办学方向。

回顾华为的业务发展，2000年起开始进行海外市场拓展，经历了几年的拓荒期；2004年起海外业务进入增长期，进入成熟市场；2005年海外业务快速增长，海外业务的快速发展对公司的管理架构、管理者能力、员工的综合能力都提出了新的要求，组织的各个层面都需要快速有效地赋能。这个时候建立华为大学，从公司的管理层来说，有着深层次的厚望，希望华为大学能够担负时代使命，为未来业务发展能力提供支撑平台。

任正非在当年的讲话上也同时提到，华为大学要想成为“将军的摇篮”并不是一件容易的事。这意味着教学要承担极大负荷，学员要承担极大压力。他要求华为大学的管理团队思考如何让公司的干部人群，通过学习与实践，逐步成长为各级管理骨干，也就是公司想要的“将军”。他要求华为大学的管理团队应深入研究：黄埔军校、抗日军政大学、西点军校是如何培养出无数将军的？

根据华为当时的管理定位，党委和华为大学都是公司选拔干部的重要阵地，党委行使“否决权”，华为大学行使“培养权”。党委通过否决权的过滤作用，让优秀的干部浮上来；华为大学则对这些选拔出来的优秀的干部进行素质培养。两个部门的权力不一样，但工作是相辅相成，目标就是培养干部。华为员工原本就由有高学历背景的专业人员构成，普遍年轻、勤奋，愿意拼搏，想要将这些人员培养成为真正的将军，就需要给干部队伍和优秀人群提供制度化、规范化的培训与赋能。按照公司的要求，这些培训和赋能的内容不能直接从西方管理经验照抄，而是需要结合公司的实践和业务特色，定制化开发，活学活用，急用先学，与实战相结合。华为大学就是这样一个赋能的平台。

所以，按照任正非的要求，华为大学建立的首要任务，就是帮助公司培养一支能带领团队到一线作战的有着将军视野和高度的管理者队伍，一线需要什么样的干部，华为大学就培养什么样的干部。

除此之外，华为大学还承担了公司文化价值观的传承和知识萃取的职能。

9.6.2　华为大学的兼职讲师管理方法和体系

培训和赋能体系需要大量的讲师来实施交付，华为大学对兼职讲师的培养与管理有一整套系统的方法、制度与体系。

在华为大学授课的讲师，除了极少部分从外部聘请的业界专家，其余的都是公司内部培养的老师，分为专职讲师和兼职讲师，采用物质和精神两种激励机制。按照公司的要求，“讲师必须是有实践经验的人，没有实践经验的教官不能讲课”。

华为大学的兼职讲师从有一线华为实践经验的干部中进行挑选，部分课题可能考虑表现优秀的资深骨干员工。讲师人选不仅需要具备实战经验，符合公司文化价值观，还要理解公司运作管理思路。挑选后的讲师人选会安排听课，参加讲师培训，经过测试考核后，安排试讲，满意度达到要求后，可以加入讲师资源池中，逐步安排授课。公司内部讲师会纳入讲师管理体系中，根据讲师的授课支付课酬，记录授课满意度，周期统计授课课时。讲师每年会进行评级以及优秀讲师、金牌讲师评选，通过激励体制来激活讲师队伍。华为公司的所有中高层管理人员，几乎都作为华为大学的兼职老师承担了培养和赋能的工作，身体力行公司所要求的“用最优秀的人培养更优秀的人”。表现优秀的、资深的讲师会进入课程设计开发组，参与到课程的优化以及新课程的开发中，成为公司赋能体系的专家团人员。

华为大学的专职讲师主要负责专业课程和知识类课程讲授，主要面对全球客户和新员工群体提供授课，他们的职级、工资、配股等总体沿用大平台机制。

后期，华为大学内部的技能培训课程都由华为内部开发设计，教学案例多来自华为和社会的真实性案例，研讨和案例教学是华为大学赋能的主要方式。一些技能类的、标准化的、业界已经成型的内容被开发成为线上教学内容，提供给所有员工自我学习。

9.6.3 用训战结合的方式，赋予学员专业作战能力

2014年，任正非在华为大学建设思路汇报会上，再次提出华为大学要办得不像大学，用训战结合的方式，赋予学员专业作战能力。“华为大学的赋能要支撑公司文化、管理平台和关键业务能力，尤其是战略预备队的建设。”

华为大学的建立和华为公司的发展一样，不断地调整和变革，以便更好地配合公司管理的要求和业务发展。2014年后，为了确保华为大学的办学方向，公司成立华为大学指导委员会，由任正非亲自担任指导员，公司的三位轮值首席执行官以及片联总裁都是委员，半年开一次会，指导华为大学运作。这个思路和“训战结合，在实践中培养‘将军’”一节中所介绍的华为战略预备队管理机制采用的是同一种管理思路。

华为的人才管理体系中，华为大学是教学交付平台，负责公司知识、通用技能、管理技能的资源提供；战略预备队是能力交付平台，负责提供公司产品知识、专业技能和实际操作赋能；HR是任职交付平台，负责组织与实施交付，这三个平台协同运作，承担公司的能力提升工作。

华为大学新校址已在松花湖基地初见规模，未来的华为大学即将迎来新的时代，无论是干部培养、新员工入职培训，还是员工能力提升项目，都会应运公司的战略需求在变革中优化与升级，支撑公司的人力资源战略管理。

第10章 评价与激励机制：以奋斗者为本

华为通过32年的奋力拼搏发展成为全球信息与通信领域的领军企业，用辉煌的商业成功证明了其优秀卓越的绩效管理体系。华为绩效管理的本质就是管理者与员工双方的共赢，这是华为取得辉煌成就的有力保证。本章将介绍华为价值评价与价值分配的“责任结果导向”与“贡献导向”的具体含义，华为绩效管理的基本要求，如何在绩效评价中做到全面公正，华为激励管理中的物质激励与非物质激励，华为的任职资格体系，具有华为特色的“关键事件及关键行为”在价值链管理中的应用，以及简单介绍外界关注的华为的股权激励机制。

10.1 以责任结果为导向的评价和激励原则

《华为公司人力资源管理纲要2.0总纲》，对未来华为人力资源管理的主要路径进行了明确定义：将通过“优化价值创造管理循环”进行价值链管理，“坚持责任结果导向的评价和激励原则”。

绩效评价关联正确评价价值，激励机制落地合理分配价值，而这两者的核心原则，就是坚持“责任结果导向”。纲要里也指明了路径：“在坚持核心价值观和责任结果导向的基础上，通过开放迭代、汇聚智慧的过程，逐步构建面向未来的人力资源管理纲要。”

“责任结果导向”是华为进行价值评价时一贯倡导的基本原则，并不是创新理论，到今天仍然在不断进行宣导，也正是华为坚持“自我批判”的纠偏机制的体现。从理论落地到实践，明确方向当然很重要，但认准方向后并不代表一劳永逸，正如项目管理的重要环节包括持续系统地过程监控一样，价值管理的过程中不断地反思和纠偏是其必不可少的动作。

任正非近期在内部会议上明确指出华为未来的人力资源管理，仍需要以责任结果导向不断简化 KPI 考核。“我们 KPI 考核的改革，是在内、外合规边界内的责任结果导向，减少考核更多的过程行为。考核的是当责和当责的结果，当瞄准结果考核的时候，我们要简化 KPI，而不是复杂化。”管理很多时候是一个反复的过程，从小到大，从无到有。例如，在搭建流程的初期，为了加强管控、强化和统一相关责任人员的思路，可能需要精细化管理，细致管控每一个步骤，这是从简到繁；但当操作熟练，思路和逻辑已融入流程中后，就可进行从繁到简的优化。这也就是通常所说的，“先做加法，再做减法”。繁简进行不断调整，根据业务和组织的发展进行持续改进，是管理的精髓所在。

管理从来就不是一成不变的，需要随着组织发展和业务导向进行调整。

要理解华为这样一个ICT行业的高科技公司如何在价值评价时导向责任结果，就需要综合企业实际的业务和运营来进行思考。

我们可以从研发体系的价值管理来深入理解责任结果导向。高科技公司的业务与产品研发紧密结合，而产品研发是一项技术占比极高的工作，那么如何衡量一个研发产品的成果是否对公司有价值，应该设置和考核哪些KPI，这些KPI的占比又该如何设置？这其中需要考量的因素非常复杂，项目管理的几项要素——开发时间、质量、成本、项目范围、项目变更等可能都需要考虑。这就是为什么研发管理通常会采纳规范的项目管理工具和思路，因为运用完善的信息系统进行管控跟踪，有完善的KPI库和进展数据支撑。

但是，除了科学的管理体系，思路及意识层面最根本的出发点，仍然要回归到“以客户为中心”的责任结果导向上进行评价。

正如2017年年底，任正非在华为产品投资评审委员会改进方向汇报会议上所提出的重要观点：产品的竞争力是商业竞争力而不仅仅是技术。

“以客户为中心”是华为业务运营的核心理念，从1997年华为从IBM引进IPD咨询项目开始，华为就导向“以客户为中心”来研发产品，产品应该符合客户需求。时隔二十多年，任正非将此理念进一步深化，直指商业竞争力。什么是商业竞争力？商业竞争力通俗点说，就是能持续盈利的能力，是评价一款产品是否有价值的核心指标，而不是单指技术力。具备商业竞争力的产品才是能够给客户带来商业价值的产品，商业竞争力就体现在能为客户带来利益，能为客户带来利益的产品才是客户真正需要的产品，也就是能体现研发团队责任结果的要素。

所以，研发体系也要清晰理解公司运营是以商业为中心，不能走到技术钻研的牛角尖里，要和其他体系一起思考如何追求商业成功，就“要从全流程去改进，哪怕一年关注一点，也要把全流程关注到”。让全流程能够理解增加产品的商业竞争力，是华为所倡导的责任结果导向，要让全流程的考核都能与责任结果导向挂钩，也才能够一点一滴地实现结果目标。

再回到产品研发体系的价值评价指标——提升商业竞争力，其所涉及需要管控的领域包括产品研发全流程，小范围来说是从市场需求开始到产品研发结束，落地的管控动作是考核指标的设定，包括组织绩效指标和个人绩效指标。从大到研发体系，研发产品线到研发团队的组织目标，小到团队中每一个人的指标，都需要能与公司的宏观目标挂钩并保持方向一致。

如何理解人力资源管理的“责任结果导向”？任正非就研发体系给出了明确的解释：当产品的评定要素是商业竞争力时，在选拔、晋升员工时就要打破“做低端产品的人就低端，做高端产品的人就高端”的僵局，无论做哪一类型的产品，担任哪一类岗位，任职无所谓高低，能创造商业价值的就是绩效优秀的，就应该得到有效激励。

10.2　以贡献为导向的价值分配体系

华为是一家管理体系较复杂，但实践很接地气的公司，本书中我们已经多次引用了华为内部的会议纪要、任正非的发言讲话，多数语言都通俗易懂、简单扼要。例如，网上盛传的任正非名言之一："钱给多了，不是人才也变成人才"，这句话点明了物质激励对于人才管理的重要性。华为在价值分配的表述上态度直接，从不回避物质激励作为企业管理的重要工具、收入对于激励人才的重要性，也强调评价和激励都要责任结果导向。那为什么在这里我们还是需要强调贡献导向呢？贡献导向究竟包含哪些内容？

贡献当然与责任结果相关联，但是，又超越了当期可见的责任结果，还包含了更长远更深刻的意义。所以，贡献已经脱离物质层面进入精神层面，从企业管理学来说，已经超越了科学技术领域进入更高层次范畴的探索和思考。细究其中，可能包含了为了得到责任结果、商业价值而持续的、点滴积累的努力，以及在很多艰难场景下的不为旁人所理解时所付出的劳动，这在很多时候无法量化，甚至可能不能当期就看见绩效，但确实是企业成功和个人成长所不可或缺的。

贡献导向，是精神层面的理念，难以具体去描述和定义，更多属于企业文化和价值观范畴。再次回到华为的芭蕾舞脚广告，当你仔细观看那一双醒目的芭蕾脚，一只伤痕累累，一只包裹在华美的芭蕾舞鞋中，就能看见舞者长期持续的练习，在伤痛后的坚持，为了理想所做出的努力，所牺牲的时间和健康……这张广告图，正是华为所倡导的精神，也阐述了贡献导向的最深层次含义。

价值管理以贡献为导向，是指除实质绩效结果和商业利益外，也重视关键事件的过程行为，除了短期效益也会考量长期效益，引导员工去承担有责献的工作，进入有贡献的区域，这是公司业务发展的有效管理支撑。

10.2.1 让大部分员工信任公司的价值导向

科技型的企业发展需要积累，科技型的人才成长离不开长期不懈的努力与探索。华为是一个技术类人才密集型公司，19万员工都属于业界优秀的知识型人才。技术知识型的劳动复杂度高，见效周期长，且强调团队合作，价值评价和绩效评价难以量化衡量，很多时候是隐性的、间接的、长期性的。如何让知识型员工的能力、绩效和价值得以相对合理全面的评价？如何让知识型员工认为自己的付出得到了客观公正的回报？如何激励他们长期坚持努力进取，以跟上公司业务发展的节奏?

即便再完整、系统的管理体系，再完善的信息管理数据库，再合理的流程设置，再优秀且没有私心的管理者和人力资源从业人员，当需要对员工进行综合的周期评价时，当面临分配各类激励的时候，都会出现矛盾，都会存在冲突，都有两难局面要做出取舍。

华为人力资源的价值管理相对来说不是精细化管理，所采用的个人绩效承诺考评机制里虽然有KPI设定，会进行绩效评分，但是更多的是强调导向性。公司不提倡采用复杂的计分方式来进行员工评价，也不要求各岗位采用统一的一致的计算方式。没有绝对的公平，是华为人力资源的管理理念。在管理的过程中，也尽量引导员工不过度纠结于绝对公平的争论中，所以，华为的文化口号里有这样的词句："板凳要坐十年冷""烧不死的鸟是凤凰"。提倡长期的相对公平，提倡持续贡献就会有绩效，让关键岗位的员工、核心技术骨干、大部分的员工都能够信任公司的价值导向，远远有效于纠结细节和耗费资源去处理极少数的反对意见。

管理从来就没有完美，人力资源管理也不可能让所有员工都满意，价值观清晰，方向正确，导向性强，高效执行，得到组织中绝大多数人员的认可，就是最有效的管理体系。

10.2.2　“贡献导向”与“责任结果导向”的区别

“贡献导向”与“责任结果导向”是华为核心价值观中密切相关的两个要素，两者并没有清晰的边界，都是价值评价与价值分配的基本原则。例如，任正非在谈到考核评价研发人员时，重要的是看“责任结果”和“贡献”。

价值观也好，口号也好，只有真正落地，在实际操作中落实，才能发挥其激励作用。在华为，“贡献导向”与“责任结果导向”，就是应体现员工多劳多得。只有切实激励到奋斗者，才能拉响一个个冲锋的号角，攻克一座座山头。

这里分享一个有趣的案例。2017年年中，华为终端的荣耀团队改革了部门内激励制度：“真正以奋斗者为本，奖金不分职级，不看资历，只看贡献，导向冲锋，服务用户越多，奖金越多，上不封顶，及时兑现。”团队内的员工，在内外合规边界内达到目标，抢到的粮食越多，奖金就越高，13级的员工也可能拿到23级相当的奖金。这个消息发布后，在华为内部掀起热议，有一名华为员工开心到在公司内部的“心声社区”上基于此激励制度发布了个人的征婚广告。年轻的员工能够拿到和资深管理者同样高的回报，当然有底气在深圳这个高消费的城市里发布成家立业的宣告。

10.2.3　通过贡献导向引领员工从精神层面超越自我

贡献导向作为华为企业精神的一部分，和华为的价值观之一“长期坚持艰苦奋斗”也密切结合。

在资源匮乏时代，在自然环境艰苦的地区，“长期坚持艰苦奋斗”可以从字面含义很容易去理解。但是在高科技时代，在现代化办公环境下，谈到长期艰苦奋斗就代表了更多更广泛的内容。例如，研发中最常见的因为项目时间压缩，需要持续攻关的产品开发工作；技术服务岗位会有设备突然出现故障，或者因为自然灾害需要紧急抢险的过程；前端研究岗位意味着有需要持续钻研某一个技术领域，不懈怠地常年投入时间和精力；即便在高科技领域，也会有些岗位，需要长期重复地做同一件基础工作……这些工作，很多时候已经超越了员工绩效管理中个人绩效所设定的内容，但是一个组织工作的完成，离不开这些工作。在这个时候，需要用贡献导向去引导所有人“长期坚持艰苦奋斗”，去承担企业的责任，完成组织的事业，为长期的商业成功奠定基础。在员工面临困难的时候，在员工懈怠的时候，通过贡献导向去引领他们从精神层面超越自我。

正如华为轮值董事长孟晚舟所谈到管理时所表述的，华为公司的“板凳要坐十年冷，就是说华为的利益分配，不应该只关注技术创新、浮在水面上的岗位，还应该看到那些沉在水底、十年如一日从事基础工作的岗位”。

这也正是在华为的绩效评价和激励机制中，贡献导向所倡导的内容。

10.3 强化绩效过程管理，导向冲锋

谈到评价很多管理者就会想到绩效，评价是绩效管理的核心部分，绩效管理是一个管理过程，不仅仅是评价的动作，但对部分初级管理人员而言，所理解的绩效管理往往就是绩效评价，即给员工的绩效打分或者定级。如何才能更好更全面地评价员工，则是几乎所有管理者的共同难题。那么，为什么管理者会在评价上有困扰？因为后续的反馈差强人意，付出时间和心力进行了员工评价，最后并没有起到对员工有所激励的效果。管理评价的目的，是激活组织，表彰先进，牵引所有员工争取更好的业绩，按照华为接地气的语言，就是能够牵引员工向一个个山头进攻。

10.3.1 华为的绩效管理方式：PBC

华为的员工个人绩效管理采用的是个人绩效承诺（Personal Business Commitment，PBC），从员工参与的过程来说，包括绩效计划、绩效辅导、考核及沟通反馈、结果应用四个阶段。

在绩效计划阶段，需要主管与员工结合当前的工作重点，经充分沟通，共同确定员工的绩效目标与改进点，并对绩效目标做出承诺。绩效目标的设置是牵引员工开展工作的关键。员工绩效考核目标主要包括三个方面：绩效目标、关键任务和团队协作。绩效目标是指员工从职能部门主管和项目主管处分解得到的工作目标，当面对一项大的工作的时候可以列出阶段性工作目标，此目标为关键绩效指标，系统性强且兼具可比性；关键任务是指员工为达到绩效目标所必须做的重点工作，关键任务必须是明确和有时间限制的；团队协作是指为达成绩效目标和完成关键任务与周边人员进行的良好的团队合作，也可能是基于部门或项目组的目标所进行的团队工作。

在绩效辅导阶段，直线责任主管需辅导员工以达成绩效目标，同时收集及记录员工行为或结果的关键事件或数据。关键事件事实记录是考核者对员工进行评价的重要参考依据。

在考核及沟通阶段，在季度末或年末主管综合收集到的多方面信息，考虑所有的相关投入（包括员工的最终结果、表现与最终结果的关系、同等或相近工作职责的员工行为等方面比较），客观公正地评价员工；并在经过充分准备后，就考核结果与员工沟通。

考核结果及其应用，是指在对员工进行激励分配发放、岗位调整、任职资格等相关操作时，基于员工绩效考核结果进行的应用。

10.3.2　PBC考核的内容

从员工PBC考核的内容来看，在进行绩效目标设置时，已经较全面进行考量，不仅有核心关键指标，也通过关键事件进行过程评定。同时，因为华为所有的业务都是通过项目制来完成，团队协作成为一项通用的考核项。这部分内容通过绩效表格来确认，PBC的内容可能跨越考核周期。

需要注意的是，华为的绩效考核管理中，PBC表格所涉及的内容是关键目标，并不是全部考核内容，针对每一岗位还有岗位职责，且每个员工都可能有职责之外，即超职责范围的工作的评定。所以，PBC是关键要素，但不是全部，在业务环境发生改变时，组织对其考核的排序可能进行调整。

绩效评定首先要确保全面了解员工的绩效事实，其次既要看PBC完成情况，也要看所承担岗位的职责和角色的要求履行情况，最后还要认可员工其他的创造客户价值的贡献，即超越职责的努力和贡献，如对其他组织的交叉贡献。从评定的内容上，可能会超越PBC的目标设置，以确保全面评价。

10.3.3 PBC考核的评估过程

员工PBC考核的评估过程也纳入相关团队主管的考核意见。华为采用的是矩阵式管理模式，也就是说，华为的员工是双线汇报的模式。其主管通常有两个，一个是直线汇报的职能部门主管，一个是虚线汇报的专业线管理主管。职能部门主管负责日常行政管理和考核，专业线管理主管负责专业能力提升。同时，因为华为的项目管理模式全面应用，员工如果在某一项目投入的时间特别多，可能还会有项目组主管，那项目组主管也有权提出考评意见。

绩效考评的主要责任人是直线职能部门主管，同时参考专业线管理主管的意见，也可能参考项目主管的意见（视员工项目参与度而定），从而对员工的绩效进行评定。

10.3.4 绩效评定：集体评议，分权制衡

华为的人力资源管理机制，对绩效评定、激励分配、干部管理的关键环节采用集体评议进行分权制衡，确保在考核、激励、关键岗位选拔等方面的全面性、公正性、客观性，避免单方面决策的片面性、倾向性。

绩效考核的结果在所属部门和专业线内完成后，提交责任人力资源部门进行复核，再通过上级及上上级行政管理团队集体评议。人力资源部门的审核，主要是基于公司或上级部门的管理要求对各部门的考核结果进行评定和沟通，内容包括但不止于重要管控要素审核、比例控制等。进行行政管理团队集体评议时，重点审视高低绩效人群和特殊人群，基于关键事件对绩效突

出人群的考核结果进行审核，在集体讨论的基础上进行决议调整。关键事件可参考上一节所定义的“关键事件”，即最好的或最差的事件，影响到组织业务运营及管理的重要事件。集体评议完成后还会进行结果公示等动作，以确保评议的客观公正。

综上所述，在绩效评价这个关键环节中，华为从绩效管理PBC目标的内容设定，到评估中直线职能部门主管和相关主管参与，加之集体评议和结果公示等绩效评估审核机制，分三个层面推行全面评估，强化评估结果的公正性，确保结果能够被核心关键人员所认可，从而牵引整个团队齐心协力，攻克难关。

10.4 全面、公正的绩效评价

正如我们在上一章中所提及的，价值评价是一个世界级的难题。无数企业和管理者的实践表明，对员工贡献做出公正评价是最难的，如果评价不公正，分配就很难做到公平，就很难激励到员工。

怎么做到价值评价的公正，取决于两个关键的因素：一是用什么标准来评价；二是依据什么程序来评价。

在上一章里，我们对华为价值链的管理思路进行了概要介绍。华为的价值评价主要包括绩效评价体系、干部管理体系、任职资格评价体系、职位评价体系以及价值观认同与态度评价体系等，其中前三个体系搭建了人才评价的框架，提供了全面评价人才的标准和程序，帮助华为对人才进行科学的、合理的、全面的价值评价。

10.4.1 评价标准：责任结果导向

在绩效评价体系中，评价标准的核心理念可以提炼成六个字：“责任结果导向。”责任结果导向，是用责任结果来对每一个员工的贡献和业绩进行当期评价。

用当期结果来评价看似公正、客观，但它也有局限性。第一，企业不是所有的岗位都能直接产生结果，还有一些不能直接产生结果的岗位，如管理性、支撑性、服务性等岗位。怎么去评价贡献？这是在评价的公正性上遇到的很有挑战的问题。第二，基于结果的评价，有可能是短期的、当期的，长期的贡献在当期不产生结果。华为从事的高科技领域，很多产品和市场不能当年或者周期内见到直接成果，需要持续投入才能有所突破。有些产品线可能需要持续几年甚至十几年的投入，才能有所收益。所以在绩效评价上，华为的标准除了“责任结果导向”，还会包括关键事件、战略贡献、长期贡献、岗位职责履行和责任担当等，这些都是评价时也需要关注的要点。相应的，在后续进行价值分配时，当结果达到期望后，也会通过对长期贡献的追溯，进行合理补偿，不让“雷锋”吃亏。

在绩效评价的机制上，上一节我们已经提到，会采用集体评议和结果公示。

集体评议是所在组织的行政管理团队（如代表处的行政管理团队）集体对员工绩效结果做审核，根据公司的要求确定最终评定结果。华为对于绩效集体评议有清晰的流程和操作指引，参加集体评议的人员包括集体评议团队主任、集体评议团队成员、人力资源专业人员等。针对每一周期的绩效考核评议，公司有统一的评定导向和规则。集体评议团队主任的职责之一就是需要在评议过程中坚持公司导向和规则。集体评议团队主任由组织的一把手担任，如代表处的集体评议团队主任就是代表处代表。集体评议团队成员的责任是提供评议绩效事实依据，积极公正地发表评议意见。集体评议团队会议按照规则完成本部门的绩效评价结果审核，达成一致并签字确认。

完成审核后的绩效评价结果会进行公示，用公开来保证公正。员工如果对公示的评价结果不认可，可以启动绩效申诉流程进行绩效结果投诉。公司人才管理部是绩效申诉的责任部门，集中受理绩效申诉，包括判断绩效申述有效性，按照隔层处理原则明确处理责任主体，监控处理过程等。绩效申诉也会通过集体讨论，三方合议，确保其客观公正进行。

10.4.2 评定标准：相对评价法

绩效评价中除了上述流程中具有华为特色的集体评议和绩效申诉处理，在评定标准上还采用了绩效管理的相对评价法。绩效管理有“绝对评价”和“相对评价”，“绝对评价”是指将员工绩效和事先确定的“绩效标准”进行比较的评价方法；“相对评价”是指将员工的绩效进行相互比较的评价，相对评价应在统一的标准或尺度之下进行，评价标准可参考绝对评价要素。相对评价法的特点是需要分出差别，排出名次，分出高低。

华为的相对评价法包括“赛马文化”和“分层分级”。

“赛马文化”顾名思义就是要进行竞争，竞争结果如同赛马比赛有一个排序，换句话说就是要在团队之间和团队之中进行强制排序。华为倡导良性竞争的“赛马文化”，通过竞争促进个体的强大，促进总体绩效的持续提升。举个简单的例子，绩效最好的团队里，虽然有可能个人绩效评价为C的员工数量会减少，但是也需要进行排序。

“分层分级”是指将管理者和员工分开进行评价，不同职级的员工分开评价，都在各自的职级内进行相对评价。举个简单的例子，一个刚入职的新员工无法和资深老员工的绩效进行比较，两者不具有可比性，需要实行“老新分层”评价，具体怎么分层，要基于组织规模和组织需求来进行设定。

华为采用的这种“相对评价法”绩效评估方式强化了员工与员工绩效的直接对比，突显员工之间的绩效差异，强化了良性竞争，能够有效选拔优秀员工，并避免一些由于过于集中或过于宽松而产生的评价偏差。

10.4.3 评估结果：重要的事情不着急，着急的事情不重要

华为绩效管理的成功在于绩效评估结果的使用。华为的人才管理，包括人员的选拔、任用、奖励、处罚等问题都与绩效管理密切相关，对应的流程

和体系完整且操作严格。为了确保公正性和公平性，需要管理团队投入大量时间。按照任正非的说法，“重要的事情不着急，着急的事情不重要”。评价干部和评价员工，都是公司的重要事务，都是必要的时间投入。华为通过明确流程和标准来保证对员工评价尽可能地公正。华为的绩效评价评级结果，将应用到任职资格体系、干部管理体系，对人才的升职、调动、激励分配、任职资格等有着直接影响。

这一节里我们讨论了华为如何通过标准和流程来“确保评价的公正”，但更需要强调的是，管理上不存在真正绝对的公平，所谓的“公正评价”，其实是一个相对的、长期的、公正的评价。

这一点任正非在他的《致新员工书》中有详细的诠释。任正非在1994年12月25日第11期《华为人》发表了第一篇《致新员工书》，多年来数次亲自修订更新。在《致新员工书》中，他明确谈到了公正性：

“您有时会感到公司没有您想象的公平。真正绝对的公平是没有的，您不能对这方面期望太高。但在努力者面前，机会总是均等的，要承受得起做好事反受委屈。‘烧不死的鸟就是凤凰’，这是华为人对待委屈和挫折的态度和挑选干部的准则。没有一定的承受能力，今后如何能做大梁？其实一个人的命运，就掌握在自己手上。生活的评价，是会有误差的，但绝不至于黑白颠倒，差之千里。要深信，是太阳总会升起，哪怕暂时还在地平线下……”

虽然对年轻人来说，血气方刚、自我意识强，这样推心置腹的诠释难以全面接受，但这确实是人生的真谛，也是管理的真相，需要时间和智慧去体会和接受。

从来没有绝对的公平，但是一套导向清晰、科学系统的机制能够保证持续奋斗的奋斗者得到应有的回报，这样就达到了价值评价的效果，通过价值分配促成了持续的价值创造。

10.5　物质激励与非物质激励

上一章里提到，在《华为公司基本法》里，华为就已经对价值分配有了明确的定义。“华为可分配的价值，主要为组织权力和经济利益。其分配形式是：机会、职权、工资、奖金、安全退休金、医疗保障、股权、红利，以及其他人事待遇。我们实行按劳分配与按资分配相结合的分配方式。”

价值分配的内容，整体上来看，可分为物质激励和非物质激励两部分。物质激励包括工资、津贴补助、短期激励、长期激励、福利等；非物质激励包括发展机会、荣誉表彰、职权等。

10.5.1　物质激励

《华为公司人力资源管理纲要2.0总纲》里明确提出物质激励的导向：“坚持‘多劳多得’，优化与完善全产业链价值创造与分享机制，让更多、更优秀的内外部人才参与到公司价值创造中来，让各类人才更愿意、更好地创造更大价值。”

工资作为物质激励的基本部分，指员工的基本工资，是基于员工岗位职责、工作绩效以及人才市场竞争需求，定期支付给员工的数额固定的现金报酬。华为的基本工资操作可以用十六个字进行概括：以岗定级，以级定薪，人岗匹配、易岗易薪。以岗定级，是指建立岗位和职级的关系，通过岗位职级表进行操作。以级定薪，是指界定每个级别的工资范围，管理工具是职级工资表。华为薪酬使用的是宽带薪酬体系，也就是说对于每一级别，从最低到最高都有一个较宽的范围，上下两个级别中间允许出现重叠。人岗匹配，是指人与岗位责任的匹配评估，也就是员工与岗位所要求的责任之间的匹配，以确定员工的个人职级及符合度。易岗易薪关注的是职级和绩效，员工薪资因岗位变化而需要进行调整，这个调整可能是晋升也可能是降级。

华为的基本工资策略是，提高工资市场竞争力，增加短期回报的分配，加大短期激励力度。原则上华为工资水平定位不低于当地市场的P50分位（含P50分位），以便支撑公司实现全球领先超越的战略意图，增强公司全球人才竞争力。具体的基本工资市场定位会综合考虑人才职级、当地市场等要素进行确定。

津贴补助，属于固定薪酬的一部分，是基于业务管理需要，体现岗位独特价值、贡献、工作地差异，额外支付给员工的现金报酬，包括岗位津贴、外派补助、基层生活补助、各国津贴补助、免税津贴等。这部分补助基于具体的岗位和工作区域来确定，参考业界最佳实践，充分体现和明确传递公司的激励导向，从制度上落地“以奋斗者为本”“向艰苦地区倾斜”“向一线倾斜”等贡献与回报的价值理念。

短期激励，属于现金薪酬，是基于公司经营结果、部门组织绩效和员工个人绩效而分配给员工的变动性现金报酬，包括年度奖金、项目奖、多元化激励等。华为的奖金理念非常清晰，“奖金是挣来的，不是必然的，奖金是变动的，不是固定的”。短期激励，体现的是责任、绩效和贡献，提出多劳多得。《华为公司人力资源管理纲要2.0总纲》里提出：“短期激励机制要导向多产粮食、产好粮食。继续保持员工工资性收入的行业竞争力，以不断吸引、激励和保留优秀的人才。要调整不同人群的短期收入结构，与其贡献的性质相对应。可以异化薪酬结构，也要敢于差异化。”

长期激励，属于直接薪酬，是体现分享公司长期价值增长，鼓励关注长期目标，牵引绩效持续提高，促进关键员工保留而提供的报酬，包括虚拟受限股、TUP（Time-based Unit Plan）等。TUP是近年来华为推行的基于绩效的现金激励计划，该计划每年实施一次，每次为一期，员工可参与多期TUP。长期激励的分配对象是公司的奋斗者，针对优秀奋斗者和普通奋斗者，激励的程度也不一样。《华为公司人力资源管理纲要2.0总纲》里清晰确定：“长期激励机制要导向奋斗，让优秀人才在成长中始终保持价值创造的动力。同时也是对过去的贡献的一种再分配，并非福利人人有份。鼓励所有人都努力去无私贡献，团结贡献。”

福利，是基于法律法规和业务管理需求，为满足员工基本保障和生活需求而提供的非现金报酬，包括社会保险、商业保险、各国非保障福利、外派福利（非现金）等。员工保障福利是整体薪酬的重要组成部分，福利待遇水平应基于当地整体薪酬竞争性定位进行综合考虑，遵从所在国家和地区的社会保障和其他法律法规。福利的设计原则就是“合法合规，长期平衡”。

综上所述，物质激励政策的核心导向是“控制刚性，增加弹性，导向企业的可持续发展”。长期激励机制与短期激励机制都要导向持续奋斗、交替均衡。激励管理的总原则是按贡献分配、按劳动结果积累，让员工清楚“每天的奋斗都是在为今天和未来”。

具体落地到各区域各体系的物质激励分配操作中，要根据业务需求，掌握好“拉开差距”与“平衡稳定”间的导向灰度，发挥激励的杠杆作用。员工的个体分配既要落实责任导向，大胆打破平衡，向做出突出贡献的“优秀人才”“超优人才”倾斜；又要掌握好“妥协与灰度”，注意将分配差异化程度与不同业务、不同员工群体的贡献特性相匹配。对于需要发挥团队力量的业务，要管理好个体分配“拉开差距”和“稳定平衡”的关系，避免无谓的组织内耗，形成“全营一杆枪”，充分发挥组织中所有成员集体奋斗的力量；对于需要发挥个人作用的业务，针对个体激励要更胆大地拉开差距，充分发挥个人英雄主义的引领作用。

10.5.2 非物质激励

物质激励是直接的激励方式，但是根据马斯洛需求我们也很容易理解，物质激励不能解决深层次的问题，在面对高端岗位、核心人才管理、新生代“90后”员工时更为突出。在冰山下面，人内心深处有比金钱更高的目标与追求，如愿景、使命感、成就感等。所以，非物质激励是激励体制中必不可少的一部分内容。

华为的非物质激励包括发展机会、荣誉表彰、职权等内容，按照任正非的说法，非物质激励应该是让多数人变成先进，让大家看到机会，拼命去努力。

在上一章我们谈到的人才吸纳过程中，华为针对校园招聘进行了多场由公司高管主持的校园宣讲会，在与候选人沟通的过程中，谈得最多的是华为的大平台和发展机会。“发展机会是对优秀人才的最大激励，给予发展机会也是公司内优秀人员不断涌现的关键手段。要将公司每一次业务发展、每一波技术进步、每一项管理改进、每一个空缺岗位配备，都视为给予优秀人才持续激励与发展的最好机会。对于已经在岗位上做出突出贡献、有使命感、有思想、有冲劲、有闯劲的人员要给予冲锋的机会，优先投入公司的战略性、挑战性岗位；对于在岗位上责任结果持续优良、有责任感、技能精深的人才要给予担责的机会，敢于压担子、给权力，担当起日常业务与专业管理的骨干性、牵引性责任。”

所以，发展机会作为重要的激励手段，要用以牵引来发现、考察优秀人才。“破格提拔首先是给予成功实践者新的挑战机会以及合理的短期激励，促其在更挑战与更重要的岗位上接受新的业务与管理考验。破格提拔在为一贯绩效表现优良的员工提供成长机会的同时，也要敢于打破普适规则，对于一些虽存在较多缺点但在业务领域具有独特贡献的‘歪瓜裂枣’，大胆给予担当重任的机会。对于在岗位上长期表现良好、有意愿有能力的老员工，要给予稳定奋斗的机会，促使其始终如一地追求工作改进，在平凡的工作岗位上做出不平凡的贡献。”

荣誉表彰作为非物质奖励的一个重要方法，如果操作得当，则覆盖面广，影响效果好。在操作中需要注意，首先，荣誉奖励的评定也需要制定广泛认可的规则；其次，荣誉表彰的颁发要有仪式感；第三，荣誉奖励要有其独特价值和一定的稀缺性。例如，在华为，高级别的荣誉奖励有“蓝血十杰”“年度金牌奖”等，公司例行的有“明日之星”等。另外，各体系、部门等都可以设置专项奖励。

职权的分配多与业务工作挂钩，在华为，有责任才能有机会提升和体现能力，职权的分配也可以说是晋升发展的机会。

华为在过去的实践中已采用多种方式和手段来进行非物质的激励，任正非要求各级主管要达成共识，学会使用非物质激励手段，重视与员工的沟通、对员工工作的认可，用目标愿景来牵引员工。

在《华为公司人力资源管理纲要2.0总纲》里，精神激励，也就是非物质激励，作为公司发展动力的首要内容，放在物质激励之前。在未来的人力资源管理中，华为将“坚持‘核心价值观’，用公司的愿景和使命激发员工个人工作动机，以公司的发展提供员工成长的机会，营造信任、协作、奋斗的组织氛围，持续激发组织与员工积极创造的精神动力”。

华为的价值分配管理中，物质激励和非物质激励并重，构建全价值链贡献分享机制，让更多、更好的资源参与公司价值创造过程，通过坚持核心价值观、强化责任结果导向，从而保障公司的可持续发展。

从激励的角度看，人力资源价值链的三个环节具有环环相扣的内在联系，可以说，激励的依据是价值评价，激励的手段是价值分配，而激励的目的在于使企业价值的创造者发挥主动性和创造力，从而为企业带来更多的利益。

10.6 牵引员工发展的任职资格体系

华为是一家高科技人才聚集的跨国公司，华为的19万名全球员工，都是具备专业技术背景的高学历人才，其中，研发人员近9万名。管理如此庞大的一个专业技术军团，要求内部有较清晰的专业人才管理架构，任职资格是设计并执行专业人员发展通道和管理机制的基础。

业界所定义的任职资格是指为了保证工作目标的实现，任职者必须具备的知识、技能、能力和个性等方面的要求。它常常以胜任职位所需的学历、专业、工作经验、工作技能、能力加以表达。

简而言之，任职资格是指在特定工作领域内，按照各职位业绩标准完成工作任务所必须具备的关键能力。

10.6.1 华为任职资格体系的发展

华为任职资格体系的建立始于1998年。经过最初10年的奋斗与积累，华为的业务在20世纪90年代后期进入快速增长期，任正非对当时华为管理方面的问题进行分析后，认为华为需要在管理上进行变革。他开始接触国外成熟的大企业，希望能够从大企业的成功管理模式中学习，摸索出适合华为的管理模式。1998年，《华为公司基本法》定稿之后，任正非便着手逐步引进国际级管理体系，包括从IBM引进IPD、ISC，同时将英国国家职业资格管理体系引入作为基本理念，建立了最初的华为任职资格管理体系。

从管理层面上，华为认为随着公司业务的发展和内部管理的规范化，各职位对任职者的要求逐步提高，职业化要求、技能要求都需要向业界靠拢。公司希望通过职业标准的制定和测评，提升干部/员工的岗位胜任能力，提高工作绩效。回顾华为1998年及1999年的几份内部发文，可以对当年华为在搭建任职资格制度时所赋予的意义和寄予的期望有所了解：

“干部任职资格管理的目标是鼓励各级干部不断地开发自己岗位上的实际工作能力，以适应管理工作和公司发展的需要。它是公司推进管理工作规范化、管理者职业化，从而提高工作绩效的重要手段。”［《华为公司干部任职资格认证工作实施管理办法（1998）》］

“技术任职资格管理通过强调行为过程和绩效的改进，促使研发人员正确理解‘创业、创新’，不断提高岗位职业化作业水平和研发工作整体绩效。”［《华为公司技术任职资格管理制度（1999）》］

“通过对各职类专业工作人员的专业知识、经验、绩效、工作行为等方面的认证，促使专业人员提高岗位胜任能力，支持组织的核心竞争力。”［《华为公司专业任职资格认证暂行管理办法（1999）》］

10.6.2　华为任职资格体系的三个阶段

任职资格管理在华为的演进经历了三个阶段。

第一个阶段是1998—2000年，属于认证引入和推行阶段。通过关注行为规范化为基础，在秘书体系试点引入NVQ，随后延展至管理和专业/技术领域。认证的程序借鉴NVQ的三种考评方法（观察、产品、问答）到自评、申请审核、测试、评议、评审五部曲。这个阶段的主要工作是将认证制度进行引入和推行，并在等级的设置和认证方式上进行华为化探索。

第二个阶段是2001—2005年，逐步将任职资格与职位职责进行关联。这个阶段对任职资格的定义、标准的基本条件、核心要素和参考项基于公司业务的实际情况进行优化和调整，并将任职资格结果开始广泛应用于定岗定级工作，从而逐步建立以职位责任为基础，明确各级职位的任职要求。

第三阶段从2006年开始，进入例行运作与优化阶段。任职资格全面在公司范围内重点铺开，配合人岗匹配工作开展，成为公司专业人才管理的重要工作。

10.6.3　华为任职资格管理：体现为贡献的能力的评定

与社会上的职业资格所不同的是，华为任职资格是对体现为贡献的能力的评定，没有体现为贡献的能力在华为是不被认可的。

经过不断地更新，华为的任职资格标准定位为三个用途：为了保障工作质量，对任职者必须具备的知识、技能等方面的要求；部门进人选人用人的重要参考；牵引员工自我学习、自我提升的指南针。任职资格标准主要包括三方面内容：必备知识、关键能力和专业回馈。必备知识是指岗位所属的专业领域所必须掌握的知识，这部分内容可通过答辩、实操、技能鉴定等方式来对其进行考察。关键能力是指专业领域内保障工作质量的能力要求，这里包括多项能力，每一项能力需要通过关键行为和绩效结果来进行举证，以证实申请人员已具备该项能力。专业回馈针对三级以上的任职，这个级别以上的人员需要在专业上对组织有所贡献，如输出案例、授课、担任导师等。专业回馈的要求对公司业务经验的记录和传承起到了有效的推动作用。

任职资格的评审流程也体现了华为以绩效和贡献为主的人才发展导向。一般来说，员工如果觉得自己的知识和能力已达到了更高的任职层级，可以提出任职资格认证申请。任职资格的申请表的主要内容包括个人工作简历、主要技术贡献及工作成果、行为标准及技能达标情况、本业务领域的工作思考和展望。除此之外，员工当期的绩效考核结果是一项必要指标，绩效考评未能达到组织要求等级的人员，不能提交任职资格认证申请，只有等绩效结果提升后，才能够得到任职资格认证的机会。

10.6.4　任职资格是员工人岗匹配的必要条件

华为的任职资格体系是华为的一个管理创新，体现在通过以专业委员会为核心的管控机制来牵引专业人才发展，有效识别支撑公司关键能力的专业人才。在任职资格的运作使用中，随着公司业务的高速成长和外部环境的快速变化，不断遇到新的挑战。为了使公司的专业能力建设能更好地满足未来的发展需求，使任职资格更好地发挥其应承担的价值，华为以公司主业务流程为基础，以业务及战略需求为主要因素，梳理了公司专业划分，并由此建立相应的公司级专业委员会。

公司级的专业委员会，承担了该专业族任职资格的整体管控、资格标准和评估体系的顶层管理，以及所需的资源及相关支撑责任。从公司战略层面出发，基于实际业务要求，澄清业务对于专业族的期望，提出能力建设的方向和首要任务。

公司级的专业委员会下面还设有分委会，如果有需要往下还会设置专业组。这些虚拟的任职资格管理机构带领着任职资格开发小组、任职资格评审小组，分层分级地刷新、推行、开展全公司的任职资格认证工作。其中人力资源部门的相关人员，在其中承担了主要的连接和组织工作。

华为的任职资格已经成为员工上岗的必要条件，即每个岗位都有其责任结果和岗位能力要求，各级部门可根据技术岗位对员工绩效贡献、任职资格等的要求对员工进行选拔与任命，高级别任职资格可以被选拔及任命到低级别岗位，但低级别任职资格不能被选拔及任命到高级别岗位。同时，任职资格已经成为员工人岗匹配的必要条件。

10.6.5 任职资格体系的调整与优化

华为的任职资格体系通过近20年的实践逐步建立，其间持续进行调整与优化，成为一个成功将国外的国家职业资格体系改造为企业任职资格体系的成功案例。

从华为的实践中还可以学习到，建立一个对管理有效的任职资格体系还应注意以下要点：一，任职资格体系的构建对企业的管理基础有一定要求，任职资格体系中的很多工作都需要企业管理者的高度参与，管理者的认识层面与管理体系的支撑度是任职资格认证的基本保证；二，不能走照搬照抄的路线，任职资格体系应基于企业的文化与价值观、战略目标与经营目标以及行业特色来建立，所以对人员所要求的能力与行为方式需要按照企业进行适配；三，任职资格体系随着企业的发展和外部环境的变化需要进行持续优化；四、任职资格任职的结果需要进行有效应用才能对人员起到有效的牵引，才能真正地推动组织能力提升。

华为通过任职资格和职业发展体系的构建，为技术人才的能力提升提供了清晰的指引，不断牵引员工树立自我学习与发展的意识，并拓展技术人才的职业发展通道，从而有效激励与保留人才，打造一支具有强劲战斗力的技术“铁军”。

10.7 关注关键事件与关键行为

关键事件法，是客观评价体系中最简单的一种形式，由美国学者弗拉赖根和贝勒斯在1954年提出，通用汽车公司在1955年将此方法运用到管理实践中。它是通过对工作中最好或最差的事件进行分析，对造成这一事件的工作行为进行认定从而做出工作绩效评估的一种方法。这种方法的优点是针对性比较强，对评估优秀和劣等表现十分有效；缺点是对关键事件的把握和分析可能存在某些偏差。

关键行为是针对某一工作中重要的、能导致该工作成功与否的任务和职责要素，分析出的能反映不同绩效水平的、可观察到的、可描述的行为表现，这类表现可作为等级评价的标准，也可用于绩效评价。

能力，是完成一项目标或者任务所体现出来的综合素质，是掌握和运用知识技能所需的心理特征，是达成一个目的所具备的条件和水平。这是通用的能力定义。为了进行能力测评，业界已进行过许多研究，也有不少成型的模型和工具。例如，20世纪70年代由管理学家所提出的能力素质模型，通过对企业中不同绩效水平的员工进行BEI访谈（行为事件访谈），并对结果进行主题分析和专家讨论等方式，形成岗位的特定用人要求。

10.7.1 对人才进行能力评估

华为人才发展的金字塔模型将公司主要人才分为两大类，左边是管理人才发展通道，右边是专业人才发展通道，都有其各自对应的人才管理体系，牵引各类人才的成长和职业发展。在人才管理工作中，有一个重要的步骤就是对人才进行能力评估，这个动作同时也是价值链管理的价值评估中的必备步骤。无论是选拔人才、提拔人才，还是培养人才，都要求对人才进行必需的能力评估。

在华为，也借鉴业界的成熟理论，并通过实践将能力定义深化。能力不仅是具体的综合素质，还包括工作中持续展现出来的关键绩效行为。能力在成功的实践经验中进行验证，通过关键事件、关键行为来证明和体现。

10.7.2 真正以责任结果为导向，在成功实践中选拔与发展干部

针对管理人员的干部管理的首要任务是对干部人员的选拔，选拔离不开

对能力的考核和评价。《华为公司人力资源管理纲要2.0总纲》提出要坚持干部选拔制，真正以责任结果为导向，在成功实践中选拔与发展干部：

“坚持干部选拔制，坚持从成功实践中选拔干部，在更挑战的业务实践中进行干部的‘优胜劣汰’。坚持‘猛将必发于卒伍，宰相必取于州郡’的选拔制，干部必须具备一线成功经验。要从干部敢于啃硬骨头、敢于拥抱挑战的过程中，真正识别干部是否具有战略洞察力和决断力、是否具有坚强意志和自我牺牲精神。要基于真实的责任结果，大力提拔能从0到1的、能构建格局的、能扭亏为盈的‘有作为’干部，督促问责满足现状或推诿责任的‘不作为’干部，识别清理热衷钻营、制造虚假繁荣的‘假作为’干部，坚决淘汰急功近利、业务造假的‘乱作为’干部。打造富有高度使命感与责任感，具有战略洞察能力与决断力、战役的管控能力，崇尚战斗意志、自我牺牲和求真务实精神的干部队伍。”

这一段描述也就是最新版的华为干部选拔总纲，这段文字已经较为具体地描述出华为干部管理中的关键事件和关键行为是什么。

10.7.3　成功实践和业务实践是选拔的必备条件

在干部管理中，成功实践和业务实践是选拔的必备条件，这里强调的都是具体的一线成功经验。那么，哪里是一线？根据华为百科检索，遍布在全球各地的办事处销售单位，在华为统称一线。一线是一个军事用语，在华为即销售部门。和机关相对应，机关指公司总部。

华为内部常说，“听得见炮火的地方就是一线”，更具体一点，直接面对客户的岗位是一线，华为的办事处和海外代表处是一线，“上甘岭”是一线，艰苦地区是一线，攻关研发小组、投标项目组、商务谈判小组，这些都是一线。那么怎样才算成功？从0到1，是指拓展了全新业务领域，如一个新的国家和城市的市场开拓成功、开发一个新客户、签下第一个订单、一个新产品在新市场区域的成功进入等。构建格局，包括市场格局、产品格局等，如在某个区域和国家占领最多市场份额、搭建具有竞争力的产品组合、战略性业务格局突破等。扭亏为盈，是指在财务数据上的直接翻转，区域内有切实盈利。

所以，当提到一名干部具备一线成功经验，也就是说这名干部可以用以上具体的关键事件和关键行为作为案例来证明自己的能力。这种已经在实践中验证过的、公司所关注的场景下取得的成功经验，才能算得上是公司需要的能力，所有干部需要具备的战略洞察力、决断力、管控力等都需要在关键事件中的成功实践来进行例证。

10.7.4　通过关键事件和关键行为来进行能力评估

在专业人才的使用和激励上，通过关键事件和关键行为来进行能力评估同样是人力资源管理中的必不可少的环节。

华为专业人才的使用有两个重要的管理体系，一个是绩效管理，一个是任职资格，而华为薪酬管理是基于绩效和任职来操作实施的。

绩效管理采用的PBC对员工进行关键指标和关键任务考核。PBC设置逻辑是：从战略解码到组织目标再到PBC、从公司到体系再到部门层层分解，每一位员工的KPI不尽相同但通过工具和系统分解到个体，都应该能支撑公司战略和组织目标。关键任务的设置应围绕组织目标和个人目标的完成，关键任务在公司内部可能有其固定管理逻辑和工具。

例如，就华为客户关系管理来说，有系统的“五大关键行为”，这五大关键行为是华为根据无数实践和经验总结出来的，在客户关系建立过程中，能够有效促进与客户互动、进行深度沟通，从而搭建信任影响客户的最终决策行为。例如，五大关键行为之一——邀请客户代表参观深圳坂田华为机关，这项重点工作能否在某一绩效周期内完成就可以作为客户体系员工或团队绩效目标中的关键任务。关键任务是否能够完成，是评定员工能力的最有效依据。

当然，“邀请客户代表参观深圳坂田华为机关”在华为有一套具体的操作体系，从流程到部门到责任人，从标准到执行到总结，对于每一个细节都有操作指引和考核标准，这些就是对所有参与人员的能力要求和评估标准。

PBC是引导员工完成关键目标的工具，但是绩效考核并不止于PBC。除了PBC，员工还需要履行岗位职责，还要考量超越职责的努力。这些超越PBC之外的突出表现，很多时候是通过关键事件来体现的。

例如，发生突发情况时候的应对、团队合作中需要支持的情况，此类事件对华为这样一个全球化的大公司而言屡见不鲜。华为日本代表处有100多名员工，2011年日本发生海啸，灾祸发生时也正是通信设施最需要正常工作时。一旦通信设施遭到破坏，救援工作就难以顺利进行，如果维护人员都撤退就没有人保障通信的顺畅。当时，华为代表处没有一个人离开，华为董事长第二天就飞到日本与整个团队在一起。这类型的事件就是正向的关键事件，不仅能评估组织与个人的操作能力，更重要的是能评定企业文化和价值观的契合度。

在华为，能力都需要用关键行为来进行验证，这个要求在员工任职资格的评定中有明确标识。针对每一个任职能力的要求，员工都需要进行列举：在哪一次具体的业务场景中，发生了什么样的情况，个人是如何应对和表现的，通过自己的努力改善了什么，增强了什么，最终结果如何。这类在工作实践中、在公司所关注的关键行为中体现的能力才是被认可的能力。

需要指出的是，为了能够用关键事件、关键行为来进行绩效考核、能力评估，华为投入了大量的时间和精力来梳理搭建管理体系。无论是华为的绩效考核制度、任职资格体系，还是前面所列举的“五大关键行为”，都包含了无数的实践经验总结，输出了大量的体系文档、案例、操作指引。同时，这些文档还在不断更新，以让人力资源管理能更好地契合公司的业务发展。

10.8 华为的股权激励机制演变

股权激励，也称期权激励，是企业为了激励和留住核心人才而推行的一种长期激励机制。它通过附加条件给予员工部分股东权益，使其具有主人翁意识，从而与企业形成利益共同体，让企业实现稳定发展的长期目标。

华为于1987年成立，注册资本仅2万元。创业期的华为一方面因为规模扩大需要大量资金，另一方面又需要大量科研经费投入。在这种情况下，华为选择了内部融资，于1990年启动股权激励计划。内部融资财务风险较低，更重要的是，可以激发员工的主人翁意识和奋斗精神。

从1990年到今天，华为的股权激励机制经过了四个阶段。

10.8.1 第一阶段

第一阶段：1990—1996年，以解决资金困难为主要目的，实行内部集资。

华为从1990年起开始试行员工持股计划。公司员工最早以每股1元的价格购入公司股票，除此之外，华为与各地战略客户所共同成立的合资公司员工，也有认购资格。现在看来，当年每股1元的价格回报很不错，1993年，华为公司每股净资产为5.83元，1994年每股净资产为4.59元。1995年每股净资产为3.91元。虽然每股的价格有增长，但每股1元的认购价格一直延续到2001年。当年，华为在难以通过银行融资的创业初期，靠着原始的内部融资的方式渡过了难关。

华为最早采用实股，让员工用现金认购的方式，在降低现金压力的同时，希望解决的问题是能够把人才留住，把创业团队留住。

10.8.2 第二阶段

第二阶段：1997—2001年，以激励为主要目的。

1994年，为了规范各公司各种形式的员工持股计划，深圳市政府出台了《深圳市国有企业内部员工持股试点暂行规定》，用以规范各类企业各种形式的员工持股方案。1997年6月，华为对股权制度进行了调整，使实施更为简单。调整之前，华为的注册资本为7 005万元，其中688名华为员工共计持有65.15%的股份，其子公司华为新技术公司的299名员工持有余下的34.85%的股份。调整之后，华为新技术公司、华为新技术公司工会以及华为公司工会分别持有华为公司5.05%、33.09%和61.86%的股份。

另一个重要调整是，公司股东通过会议决定，两家公司员工所持的股份分别由两家公司工会集中托管，并代行股东表决权。

10.8.3　第三阶段

第三阶段：2001—2014年，华为实施虚拟股权激励计划，采用企业融资渠道加员工激励的方式。

2001年7月，华为公司股东大会通过了股票期权计划，推出了《华为技术有限公司虚拟股票期权计划暂行管理办法》。这个计划上报后获得深圳市体改办批复同意。

在虚拟受限股实施后，之前华为员工所持有的原股票逐步被消化吸收转化成虚拟股。在虚拟股的操作中，注明了持股人没有所有权、表决权，另外这种股票不需要通过证券行业监督管理部门烦琐的审批程序。这样的转换让华为在治理结构上从一家全员持股公司变成由两家实体股东所控制的公司。

2003年，深圳市华为投资控股有限公司正式成立，任正非持股1.07%，华为公司工会持有余下的股份。

在华为投资控股有限公司成立的同时，华为原有的内部员工持股制度、期权激励计划也被平移至华为控股的平台。

根据华为公开发布的2018年年报显示，华为持股员工通过选举产生115名股东代表，通过股东代表大会行使其应有的权利。华为的公司章程明确指出："持股员工代表会是公司最高权力机构，对利润分配、增资和董事监事选举等重大事项进行决策。董事长主持持股员工代表会。"从华为虚拟股的实际操作来看，华为公司与员工之间其实是合同关系，而不是普遍意义上的公司与股东的关系。员工并非公司真正的股东，工会才是股东。员工作为利益分享人，所享受的是合同利益和分红权益，而非实质股权。华为公司的员工持股制度，更趋近于一种分红、激励和融资方式。

10.8.4 第四阶段

第四阶段：从2014年开始，华为逐步推行TUP计划，弘扬“以奋斗者为本”的企业文化。

华为采用的薪酬激励制度在有效激发组织战斗力的同时，也让华为员工在奋斗后逐步实现了财务自由，物质的提升也难以避免地会带来精神的懈怠。为了持续激活组织，切实落地华为“以奋斗者为本”的企业文化，鼓励更多的员工去拼搏、去创造更好的业绩，华为推出了TUP。

TUP（Time-based Unit Plan）是一种基于绩效的现金激励计划，是中长期激励的激励工具。TUP的收益与公司经营情况挂钩。每一期的TUP为期五年，在授予员工时被锁定，分三年解锁，第一年解锁三分之一，第二年解锁三分之二，第三、四、五年全部解锁，只有解锁的TUP才能享受当年的收益。

今天，华为作为全球移动通信行业的领军者，面对全世界无数的好奇追问：“谁拥有华为？”到底是谁拥有这样卓越的中国公司呢？对此，华为在2019年年初做出了清晰的回答：“华为是一家100%由员工持有的民营企业。华为通过工会实行员工持股计划，参与人数为96 768人，参与人仅为公司员工，没有任何政府部门、机构持有华为股权。”

正如《华为公司基本法》中所陈述的：华为“是用转化为资本这种形式，使劳动、知识以及企业家的管理和风险的累积贡献得到体现和报偿；利用股权的安排，形成公司的中坚力量和保持对公司的有效控制，使公司可持续成长”。在过往的近32年，股权激励作为价值分配中物质激励的重要一部分，在价值分配原则上坚持以“奋斗者为本”，支撑了公司的战略发展，创造了一个值得学习的管理典范。